차례 CONTENTS

1. 스토리텔링   05
  (1) 스토리텔링이란   06
  (2) 스토리텔링이 활용되는 범위   07
  (3) 왜 스토리인가   11
  *나를 소개해 볼까요?   12
  *스팟   16

2. 이야기로 소통하기   21
  (1) 모호한 커뮤니케이션, 이야기로 바꾸자   22
  (2) 액션 아이디어 게임   26
  (3) '가치사전' 만들기   28

3. 이야기 창작 놀이   31
  (1) 우리가 이야기를 만들어야 하는 이유   32
  (2) 동상이몽 게임   34
  (3) 이야기톡 기본게임   35
  (4) 다섯조각 이야기   44

4. 진로, 이야기를 만나다   51
  (1) 스토리텔링과 진로지도가 만나면?   52
  (2) 오르락 내리락 이야기 게임   58
  (3) 직업인의 하루 일과   63
  (4) 미래 순간 포착   67
  (5) 미래 다섯조각 이야기   70

5. 이야기톡이란   75
  (1) 이야기톡 개발 과정   76
  (2) 이야기톡의 특징   78
  (3) 이야기의 기본 원리   79
  *스토리텔링 활용 커리큘럼 만들기   80
  *스토리텔링 커리큘럼 예시   82

6. 이미지 카드, 이렇게 사용해 보세요   91
  (1) 내가 생각하는 ㅇㅇ이란?   92
  (2) ㅇㅇ 떠올리기   94
  (3) 3장으로 이야기 만들기   96

스토리텔링 교육 놀이 전문가 양성과정   99

스토리텔링 교육 놀이

1. 스토리텔링

01 | 스토리텔링

(1) 스토리텔링이란

💬 스토리텔링을 어디에서 들어보셨나요?

스토리텔링은 _____ 다.

'이야기'의 사전적 정의
① 어떤 사물이나 사실, 현상에 대하여 **일정한 줄거리를 가지고 하는 말이나 글**
② 자신이 경험한 지난 일, 마음 속에 있는 생각을 **남에게 일러주는 말**

1. 스토리텔링　　2. 이야기로 소통하기　　3. 이야기 창작 놀이　　4. 진로, 이야기를 만나다
5. 이야기톡이란　　6. 이미지카드, 이렇게 사용해보세요

(2) 스토리텔링이 활용되는 범위

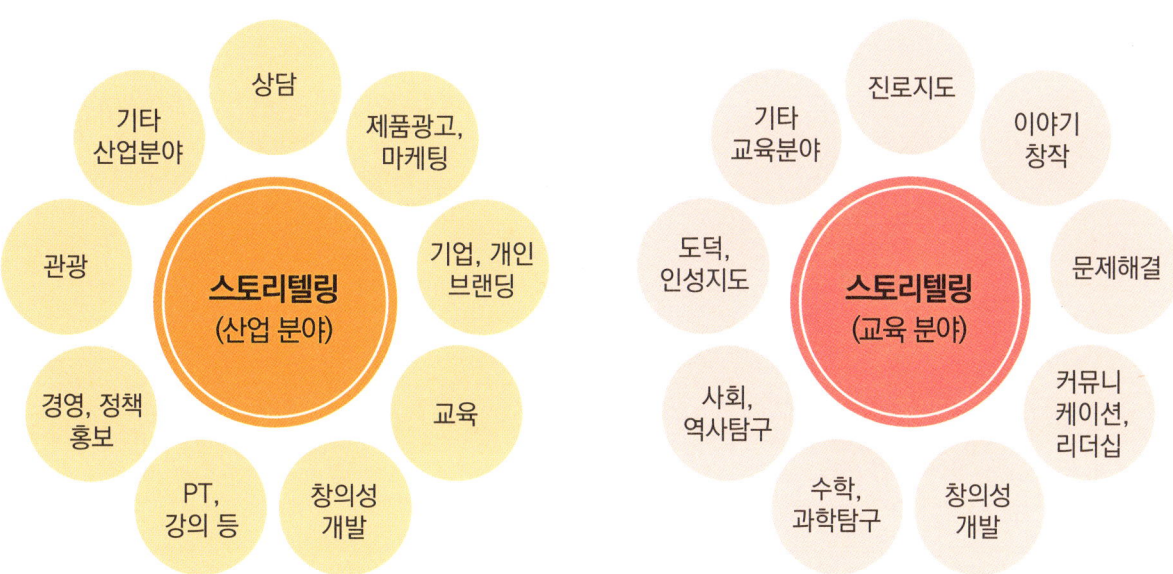

스토리텔링 마케팅

상품 특성을 객관적으로 설명하는 것이 아니라 고객이 관심을 가지고 반응하는 흥미로운 이야깃거리로 풀어나가는 마케팅 커뮤니케이션 기법

예) 메리츠화재 '걱정인형'

스토리텔링 프레젠테이션

프레젠테이션에서의 스토리텔링이란 흥미부여를 통해 청중의 집중을 유도하기 위한 구조적 방법론

비유기법을 통한 스토리텔링 프레젠테이션

비유와 예시를 통해
청중에게 생소한 표상을
이해하기 쉬운 표상으로 대입시켜
전달하는 기법

스토리텔링을 통한 자기발견

스토리텔링 퍼스널 브랜딩

故 정주영 회장

"우리는 영국보다 300년 앞서 이미 철갑선을 만들었소.
그리고 400여년 전 일본이 수백 척의 배를 몰고 쳐들어
온 것을 이 철갑 거북선으로 다 막아냈소.
다만 쇄국정책으로 산업화가 늦었을 뿐, 그 잠재력은
그대로 갖고 있소."

1. 스토리텔링 2. 이야기로 소통하기 3. 이야기 창작 놀이 4. 진로, 이야기를 만나다
5. 이야기톡이란 6. 이미지카드, 이렇게 사용해보세요

스토리텔링 자기소개서

자기소개서 A

저는 엄격하신 아버지와 인자하신 어머니로부터 항상 정직하라는 말씀을 들으며 자라났습니다. 서울 초등학교와 서울 중학교를 거쳐 서울고등학교에서 학생회장을 지냈고, 이후 서울대학교에 진학 하여 전자공학도로서의 꿈을 키워왔습니다. 블라블라…

자기소개서 B

사람들은 가난을 싫어합니다. 저도 가난을 좋아하지는 않습니다. 사실, 가난은 저의 적입니다. 저는 6살을 맞은 생일날 처음으로 빈병을 모아다 팔아서 돈을 벌었습니다. 그 돈으로 제 생일 선물인 새우깡 두 봉지를 샀습니다. 그 후로, 제 인생은 언제나 가난과의 치열한 격투였습니다. 블라블라…

" 여러분이 인사담당자라면 **어느 자기소개서를 끝까지 읽고 싶으시겠어요?** "

스토리텔링 교육

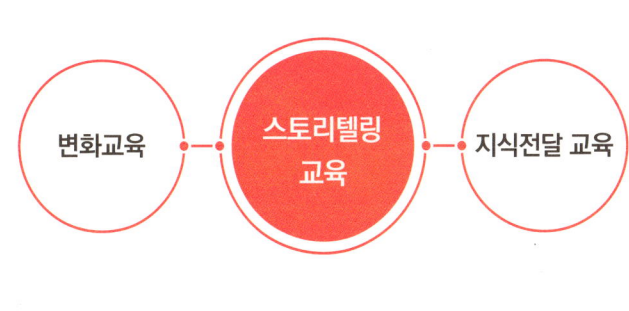

스토리텔링 프레젠테이션

스토리텔링을 통한 창의성 개발

(3) 왜 스토리인가

스토리가 필요한 이유

마케팅의 측면
- 제품의 기능/기술력의 차이는 종이 한 장 차이
- 생각보다 비합리적인 소비자의 의사결정 과정
- 최소 비용 최대 효과
- 스토리는 잘 기억된다 ≫ **제품 각인**
- 누구도 따라할 수 없다

교육의 측면
- **논리력** | 이야기는 무질서한 사건들에 질서를 잡아주는 기능을 한다
- **감성** | 이야기는 상상력을 바탕으로 한 서사적인 허구의 세계이다
- 행동을 변화시키는 강력한 도구
- 스토리는 잘 기억된다!! ≫ **기억, 이해 증진**
- 누구도 따라 할 수 없다!! ≫ **자아를 발견하게 함**

나를 소개해 볼까요?

(1) 움직이는 '나' 카드 소개

1. 참가자들이 각자 나를 가장 잘 나타내는 카드를 고릅니다 ('라이트' 혹은 '빅'카드 크기가 적당)
   * '나의 장점이 가장 잘 드러난 카드'와 같이 변형해도 됨
2. 모두 일어나 움직이면서 두 명씩 자유롭게 사람을 만납니다. 서로 카드를 보여주며 나를 소개합니다.
3. 소개가 끝나면 서로의 카드를 교환한 후 다른 사람을 만납니다.
4. 다른 사람과 새롭게 받은 카드로 나에 관해 소개합니다.
5. 진행자가 그만 신호를 줄때까지 진행한 후 자리에 앉습니다.
6. 진행자 : "여러 사람과 만나면서 ㅇㅇ카드를 한번이라도 받은 사람 모두 손들어보세요. 그 카드를 각자 어떻게 해석했는지 말해주세요." (그 사람들의 강점을 다시 한번 들어보면서 의미부여하기 : 수강생들의 순발력, 창의력, 강점에 대해서 칭찬 등)

(2) 이 과정에서 기대하는 것, 혹은 지금의 기분은 어떠한가요?

(3) '빈 의자 기법'을 활용하여 자기소개하기

1. 참가자들이 동그랗게 마주보고 앉습니다.
2. 참가자들은 각자 자신을 가장 잘 아는 사람이 되어 나에 대해 말을 한다고 생각하고 이야기톡 빅카드를 한 장 고릅니다.
3. 한 명씩 순서대로 카드를 들고 자신의 의자 뒤로 가서 나에 대해서 말을 합니다. (말을 할 때는 나를 잘 아는 그 사람이 되었다고 가정하고 화법을 구사합니다.)

(4) 바닥현수막을 활용한 자기소개

'~한 카드를 고르세요.'를 모두 '~한 곳에 올라가세요.'로 바꾸면 바닥현수막을 활용한 것이 됩니다.

(5) 나 사용설명서

1. 그림카드를 모두 그림이 보이게 펼쳐놓습니다. 앞면 펼쳐놓기
2. 각자 **과거의 나, 현재의 나, 미래의 나**를 보여 주는 카드를 1장씩(총 3장) 뽑아서 나란히 놓습니다.
3. '미래의 나' 카드 위쪽에 미래의 나를 있게 할 **현재의 내 장점**을 그림 카드에서 한 장 뽑아 올려놓습니다.
4. '미래의 나' 카드 아래쪽에 **미래의 나를 방해하는 현재의 약점**을 그림 카드에서 한 장 뽑아 올려놓습니다.
5. 순서대로 카드를 보며 이야기를 합니다.

> "나의 과거는 OOO했고, 현재는 OOO했고, 미래는 OOO할거야. 미래에 OOO을 하고 싶은데 나는 이것을 할 수 있는 OOO같은 장점이 있어. 그런데 OOO같은 약점도 있지."

6. 이야기를 들은 다른 사람들은 이야기한 사람에게 카드 한 장을 더미에서 골라 선물로 줍니다.
   그 사람에게 **필요하다고 생각하는 점, 응원의 메시지, 약점을 보완하는 방법** 등을 말하며
   해당하는 카드 옆에 내려 놓습니다. 1~2장까지 줄 수 있습니다.

```
                    장점
                    카드
    과거    현재    미래
    카드    카드    카드
                    약점
                    카드
```

17년 11월 25일 3회 방영

면접자의 창의력과 문제해결력을
평가하기 위한 미션으로 사용

1. 스토리텔링   2. 이야기로 소통하기   3. 이야기 창작 놀이   4. 진로, 이야기를 만나다
5. 이야기톡이란   6. 이미지카드, 이렇게 사용해보세요

예시

나는 여전히 진로의 갈림길에 서 있어. 전공은 모르겠지만 언젠가 나는 선생님이 되고 싶어.
장점 : 나는 상대의 말을 아주 잘 들어준다.
단점 : 나는 게임의 유혹에 약해.

학생들의 말에 귀를 기울이는 게 무엇보다 가장 큰선물이구나. 넌 좋은 선생님이 될 거야.

게임이 하고플 땐 몸을 움직여 보는건 어떨까?

전공을 아직 정하지 않았다면, 네가 제일 즐거워하는 것으로 생각해봐. 그리고 복수전공으로 교직을 이수할 수도 있어.

스팟

(1) 위시도데카 만들기

💬 위시도데카의 주제로 가능한 것은?

1. 스토리텔링　　2. 이야기로 소통하기　　3. 이야기 창작 놀이　　4. 진로, 이야기를 만나다
5. 이야기톡이란　　6. 이미지카드, 이렇게 사용해보세요

(2) 내려! 게임

진행방법

1. 이야기꾼 모두 그림카드를 5장 씩 나눠 갖습니다. **나눠주기**
   손에 들고 있는 **카드를 서로 보여주지 않습니다.**

2. 1번 이야기꾼부터 **"(어떠 어떠한) 카드 내려!"**라고 **명령**합니다.

3. 명령을 듣고, **해당되는 내용의 카드를 가진 이야기꾼은 카드를 테이블 위에 내려놓습니다.**

4. 5장의 카드를 모두 내려놓은 이야기꾼은 탈락, **차례가 3바퀴를 돌았을 때까지 가장 많은 카드를 갖고 있는 이야기꾼**이 승리합니다.

   ※ 명령을 내릴 때에는 한 번에 하나의 명령만 가능합니다.(예 : 그림에 아기와 할머니가 있으면 내려 (X))
   　 명령은 부정문으로 내릴 수 없습니다.(예 : 핸드폰이 없는 그림카드 내려 (X))

예 시

이야기꾼이 명령을 만드는 것을 어려워하는 연령(약 10세 이하)이라면
1명의 진행자가 모든 명령을 내려도 좋습니다.

• **바닥현수막을 활용 '내려! 게임'의 변형 게임**

이번에는 **진행자가 지시하는 그림을 빨리 찾아 그 위에 올라서야 이기는 게임**입니다. 진행자는 지시사항을 생각해 두었다가 순서대로 명령을 내립니다. 음악에 맞춰 참여자들은 진행자의 지시에 맞는 카드 위에 섭니다. 시간 안에 서지 못한 사람은 탈락합니다. 이렇게 몇 차례하여 마지막까지 남아있는 사람이 승리합니다. (지시사항의 예 : 동물이 있는 그림에 올라 섭니다.)

공동규칙

카드를 획득하는 세 가지 방식

앞면 펼쳐놓기

모든 소재카드 (그림카드+찬스카드)를 앞면이 보이도록 나열해 놓은 후 **한 장씩 뒤집습니다.**
(순서대로 뒤집어야 할 때도 있고 순서와 상관없이 뒤집을 때도 있습니다)

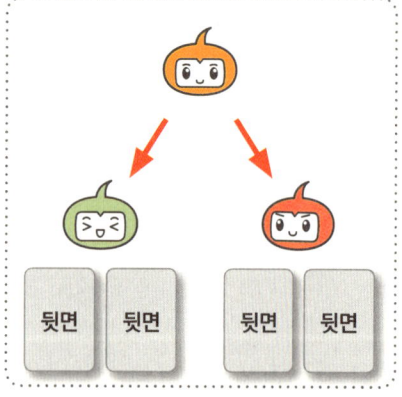

나눠주기

이야기꾼 중 1명이 이야기꾼들에게 **일정한 장수의 카드를 무작위로 나누어 줍니다.**
(이야기꾼들은 카드를 공개하지 않습니다)

한 장씩 뒤집기

나열해 놓은 후 한 장씩 뒤집습니다.
(순서대로 뒤집어야 할 때도 있고 순서와 상관없이 뒤집을 때도 있습니다)

| 1. 스토리텔링 | 2. 이야기로 소통하기 | 3. 이야기 창작 놀이 | 4. 진로, 이야기를 만나다 |
| 5. 이야기톡이란 | 6. 이미지카드, 이렇게 사용해보세요 | | |

용어

- 제목에 **'게임'**이라는 표현이 있으면 **승패 혹은 등수가 있는 놀이 방법**입니다.
- 카드더미 : 카드 뒷면이 보이도록 뒤집어서 쌓아두는 것입니다.
- 소재카드 : '그림카드(80장)+찬스카드(30장)=110장'을 소재카드라고 합니다.

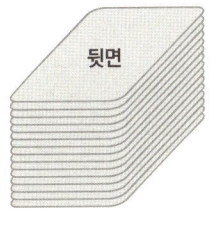

그림의 해석은 자유롭게

- 다른 이야기꾼의 그림카드에 대한 해석을 지적하는 것을 금지합니다. **그림카드에는 정답이 없습니다.** 더 다양한 이야기가 될 수 있도록 창의력을 발휘해 봅시다.

- 갈림길
- (어디로 갈지)고민이다
- 학교 가는 길
- 집으로 가는 길의 어린이

- 아래는 "두 장의 카드가 하나의 그림에서 나뉜 것이라고 가정하고, 다시 합쳐서 하나의 이야기를 완성하고 그림을 그리도록" 한 것입니다. 그런데 왼쪽의 날씬하고 예쁜 젊은 여자의 그림이 초등학교 5학년 학생에게는 '사탕을 들고 있는 여자'로 해석된 것을 알 수 있습니다.

여행을 가던 남자가 저녁이 되어서 집을 찾고 있었는데 갑자기 악마가 나타나서 남자가 놀라고 있었을 때 이 마을에 살고 있던 한 여자아이가 악마는 사탕을 좋아하는 것을 알고 악마에게 사탕을 주자 악마는 자기 집으로 가고 남자는 기뻐하는 이야기.

스토리텔링 교육 놀이
2. 이야기로 소통하기

02 │ 이야기로 소통하기

(1) 모호한 커뮤니케이션, 이야기로 바꾸자

1. 언어는 모호하다

소통을 한다는 것은 내가 가지고 있는 생각이나 뜻이 서로 통하는 것을 말한다. 내가 생각하는 것을 다른 사람도 그렇게 생각하면 소통이 잘 되었다고 할 수 있을 것이다. 그러나 그것이 언어로만 전달이 된다면 잘 될 수 있을까. 누군가가 '기홍이는 배려심이 강한 사람이다'라고 '말'을 했고 다른 사람도 그 말에 동의했다고 해보자. 그런데 기홍이가 어느 날 무단횡단을 하는 '행동'을 했다. 그것을 보고 어떤 사람들은 '기홍이는 배려심이 없다'고 말을 할 수도, 어떤 사람들은 무단횡단과 배려심은 관련이 없는 것이므로 여전히 기홍이는 '배려심이 있다'고 말을 할 수도 있다.

한 시어머니는 며느리에게 매일 '너는 참 배려가 없는 사람이다'라고 말을 한다. 그러나 며느리는 도저히 어떤 부분이 배려가 없다는 것인지 받아들일 수가 없다. 남편 밥을 차리는 문제나 설거지를 어느 시간대에 하는 것은 삶의 방식의 문제이지 배려의 문제가 아니라고 생각하기 때문이다. 오히려 주로 밤 10시 넘어 찾아와서 이런 대화를 시작하는 시어머니가 더 배려가 없다고 생각한다. 이렇게 물고기에게 아이스크림을 주는 것은 배려가 아니다. 물고기는 아이스크림이 필요 없을 뿐더러 아이스크림을 먹으면 죽을 수(?) 있기 때문이다.

이렇게 '배려'과 같이 언어라는 것은 생각보다 구멍이 많다. 왜냐하면 언어는 단지 특정 지역과 시대의 약속이기 때문이다. 나라별로 언어가 다르고 같은 언어를 써도 지역이 다르거나 개인의 경험이 다르다면 그 의미를 조금씩 다르게 쓸 수 있다. 그런데 사람들끼리 자세한 합의가 이루어지지 않은 상태에서 단지 구호로서 '배려를 합시다'라고 말하는 것은 효과가 적다.

2. '자세한 합의'의 과정

이 '자세한 합의'에 대한 이야기를 해 보고자 한다. 합의를 하는 과정은 이러하다. 선희는 건물을 들어갈 때 찬바람이 부는데 문을 열어놓으면 다른 사람들이 춥고 불편할까봐 문을 닫고 나왔다. 그로 인해 건물 안의 사람들은 따뜻하게 지낼 수 있었고 선희에게 감사함을 느꼈다. 그래서 그들은 선희가 참 배려심이 깊다고 말을 했다. 또, 재석이는 가족과 밥을 먹고 있다가 물이 필요해지면 가족들도 먹을 물까지 빈 컵에 따라주었더니 가족들은 재석이에게 배려를 받았다고 말했다. 대도는 친구가 아플

때 옆에 있어주면서 일부러 즐거운 이야기를 들려주고 웃겨주었다. 이것 또한 배려이다. '아름다운 가치사전(채인선)'에서는 배려를 '산책로에서 자전거가 지나갈 때 한쪽에 서서 길을 비켜주는 것'이라고 했다.

수없이 많은 상황이 생길 때 '이러이러한 행동과 그 행동이 나온 동기'가 바로 '배려'라고 하면서 '사회적 합의'가 이루어진다. 이렇게 어떤 상황에 대해서 많은 사람들이 이해가 되어 공통된 스토리로 인정하면 그것이 그 사회의 상식이 된다. 이 스토리를 많은 사람들이 공유하는 것, 이것이 소통이다. '자세한 합의'의 과정은 넓은 의미의 '스토리텔링' 과정이다. 이런 방식의 합의가 이루어진다면 언어가 다른 외국인과도 소통할 수 있다. 길에서 똥을 누고 있으면 '불쾌하다', 나를 위해 작은 선물을 포장해서 내민다면 '설레인다', 길에서 담배를 피우지 않는 것은 길을 걷는 사람들에 대한 '배려'처럼 상황으로 소통하면 된다.

이것이 안 될 때는 사회적문제가 생긴다. 의견이 다른 것은 받아들여질 수 있지만 서로 다른 얘기를 하고 있으면 1년을 대화해도 사회적 합의가 이루어지지 않는다. 요컨대 다양성 이전에 서로 같은 이야기를 하고 있는지 검토하는 것이 필요한 것이다. 1시간짜리 토론대회를 할 때 시작 후 5분 동안은 우리가 나눌 주제, 용어의 정의, 범위에 대해서 일치시키는 과정이 꼭 필요하다. 그렇지 않으면 1시간동안 서로 다른 대상에 대해서 이야기를 하다가 끝날 수 있기 때문이다.

3. 우리는 어떻게 소통하고 있었을까?

구석기시대는 사물을 있는 그대로 재현해내는 미술작품이 많다. 현상을 개별적인 상태로 보았다는 증거이다. 신석기시대에 들어와서 미술은 기하학적 무늬를 남기는 등 추상화화여 그린 것이 많아졌다. 이것은 개별 상태를 범주로 묶어서 파악해야 가능한 것이다.[1]

아기가 언어를 배우는 과정도 비슷하다. 맨 처음 구체적인 것을 배운다. '발, 귀, 배꼽, 자전거, 미끄럼틀, 밥, 우유, 사탕과 같이 사물의 단어를 안다. 이후 '화가 난다, 기분이 좋다' 등의 단순한 감정을 구별하고 표현할 줄 안다. 그리고 여러 단계를 거치다가 '사랑, 배려, 양보' 등 추상어를 알 수 있게 된다.

우리 교육체계는 이렇게 인간이 언어를 배우는 과정, 인류의 역사가 흘러온 과정과 유사하다. 구체적인 현상들을 범주화, 추상화, 개념화하는 것을 교육이 담당한다. 구체적인 백설공주의 이야기를 들려준 후 '권선징악'이라는 주제로 압축한다. 즉 착한 것과 악한 것을 범주화해서 추상화과정을 거치는 것이다. 특정 상황을 들려주고 그 상황은 '신중, 공평, 책임'등과 같은 덕목임을 설명하는 것이 교육의 과정이었던 것이다. 그리고 이 방식 중에 가장 열심히, 능동적으로 해볼 수 있는 형태가 '독서'이다.

그래서 문학시간에 구체적인 이야기를 들려주면서 (추상적인) 주제를 말하기, 도덕시간에 어떤 상황을 들려주면서 이런 상황에 발휘된 가치를 말하기에 대답을 잘할

---

[1] (신석기시대에) 문화에서 특히 주목할 점은 당시 인간이 기하학적 무늬를 구사하고, 초기 글자로 간주할 수 있는 부호를 남겨놓았다는 것이다. 신석기 시대에 들어서 '공통성, 의미' 등의 생각이 출현할 수 있었다. '공통성, 의미' 등의 생각은 구별하는 능력을 구사하게 되는 것에 영향을 미친다. 결국 사물의 본성이나 본질 등에 관한 생각을 하게 하는 것이다. -생각하는 힘, 노자인문학 (최진석)

수는 있다. 그렇지만 반대로 '배려'에 관한 상황 떠올리기, '공평'이 드러나는 이야기 만들기와 같은 방식은 매우 낯설고 어렵다. 그것에 당연하다. 연습해본 적이 없기 때문이다.

4. 스토리텔링 커뮤니케이션이란?

스토리텔링은 추상적인 것을 구체적으로, 즉 지금까지 배운 것과 반대로 하는 것이다. 지금까지 이야기를 듣고 읽었다면 이제는 이야기를 만들어보아야 한다. 책을 읽은 후 그 책의 주제를 생각해 보았다면, 이제는 주제를 정해놓고 그 주제에 어울리는 스토리를 만들어 보는 것이다. 독서를 많이 하면 좋다고 말한다. 이것은 무엇이냐면. 상식이 생기는 것을 말한다. 그렇다면 내 상식을 다른 사람에게 어떻게 전달할 것인가. 내가 미안하다는 생각이 들 때 어떻게 미안한 감정을 어떻게 표현할 것인가. 그건 스토리텔링이다.

과거에는 이런 연습이 필요하지 않았다. 그러나 이제는 필수가 되었다. 시대가 바뀌었기 때문이다. 누구나 SNS 계정 하나씩은 가지고 있다. 나의 목소리를 낼 수 있는 채널이 많아진 것은 반대로 생각이 다양한 사람끼리 불협화음이 많이 생길 가능성이 많아졌다는 것을 말한다. 이렇게 다양하고 복잡해진 시대에 소통을 하려면 구호가 아닌 구체적인 스토리가 더 힘을 발휘한다. 그리고 감성 시대가 되었다. 요즘 사람들은 논리적인 설명보다 느낌으로 설득된다. 그 느낌은 구체적인 상황을 전달받았을 때 표상이 되어 나에게 각인될 가능성이 많다. 내가 전달하고자 하는 추상적 개념을 '설명'하지 않고도 '상황'으로 보여줄 수 있는 능력이 되면 아주 좋은 역량 하나가 생기는 것이다. 마지막으로 창조가 필요한 시대가 되었기 때문이다, 하늘 아래 새로운 것은 없다고 하지만 특히 요즘과 같이 정보의 높낮이가 없어진 시대에는 작은 목소리라도 나의 이야기가 창조되어야 한다.

스토리텔링 커뮤니케이션에서는 때로 언어보다 비언어가 중요하다. '액션아이디어 게임'[2]을 할 때도, 그리고 일반적으로 커뮤니케이션할 때도 때로는 언어적인 요소보다 비언어적인 요소도 중요하다는 것을 발견할 수 있다. 좀 더 나아가서 말하면, 나의 평소 행동이 바로 나와 세상의 소통, 그 자체이다. 말보다 진실한 게 몸짓이고 행동이 바로 언어인 것이다.

스토리텔링 커뮤니케이션은 비유의 기법이라고도 할 수 있다. 예시를 드는 것이다. 8살 아이가 어른에게 "배려가 뭐예요?"라고 묻는다면 아이가 가장 잘 이해할 수 있는 예시를 들어주는 것은 비유의 기법을 사용한 것이다. A사의 핵심가치는 '혁신'인데 이것이 어떤 것인지 직원들 간에 서로 합의가 잘 이루어지지 않았다면 이솝우화의 '북풍과 태양'을 들려주는 방식이다. 물론 평소에 예시를 너무 많이 들면서 말하면 오히려 "단도직입적으로 말해줘!"라는 말을 들을 수 있으니 조심하긴 해야 한다.

한편 영화는 집약된 스토리텔링이다. 즉, 집약된 커뮤니케이션을 할 수 있다는 말이다. 따라서 영화 한 편을 한국에서 천만 관객이 봤다는 것은 아주 대단한 사건이다. 하물며 디즈니애니메이션을 전 세계 어린이가 본다는 것은 더 대단한 일이다. 무서운 일이기도 하다.

---

[2] '액션아이디어'는 스토리텔링의 비밀(마이클 티어노)에 나온 용어이다. 좋은 시나리오를 쓰기 위해서는 전달하고자 하는 메시지(아이디어)를 영화 속의 상황과 인물의 행동(액션)으로 보여주어야 한다는 의미이다.

1. 스토리텔링   2. 이야기로 소통하기   3. 이야기 창작 놀이   4. 진로, 이야기를 만나다
5. 이야기톡이란   6. 이미지카드, 이렇게 사용해보세요

이제 스토리텔링 커뮤니케이션을 '액션아이디어 게임, 가치사전 만들기, 인성사전 만들기' 방식으로 연습해보자.

5. 활용하기

(1) 비전, 핵심가치, 슬로건을 공유할 때
– 모토를 정하기 위해서는. 그 모토에 대해서 다른 사람들이 그게 뭐 때문에 모토인가를 쉽게 설명할 수있는 에피소드를 공유해야한다.

(2) 자기소개서를 쓸 때
– 자기소개서를 적을 때 '나는 인내심이 강한 사람입니다'라고 적는 것 보다, '나는 다이어트를 할 때 석달 동안 하루 한 시간씩 운동을 빠지지 않고 했습니다.'라고 적는 것이 좋다.

(3) 기사를 쓸 때
– 기자들은 표상을 만드는 사람들이다. 특정 사건을 이루고 있는 여러 스토리 중 어떤 에피소드로 예시를 드느냐에 따라 읽는 독자가 표상이 생긴다.
- 기자의 시각, 기사의 역할, 사회적 합의
- 현실 이슈 중 대표적 사례 발굴과 스토리텔링 기법
- 행동에서 관념, 다시 관념에서 행동으로

(4) 기업에서
– 경영학의 아버지라고 하는 피터드러커는 '기업에서 일어나는 문제의 60%는 잘못된 커뮤니케이션에서 비롯된다. 좋은 커뮤니케이션이랑 상냥하게 말하고 눈을 잘 맞추고 듣기 싫은 소리는 안하는 것이 아니다.'라고 했다. 그래서 이것을 스토리경영, 스토리리더십이라고 한다.

– 고객과의 커뮤니케이션: 상황파악이 안 되고 눈치가 느리고 부적절한 언행을 자주 하는 사람은 동기부여를 할 때가 아니라 눈앞에 펼쳐진 특정 상황이 무엇을 말하는지 정확히 이해하는 것부터 해야한다.

(2) 액션 아이디어 게임

준비물

- 추상적인 단어가 적힌 카드를 미리 준비합니다.

형용사카드 추상어	명사카드 추상어	강점카드	역량카드	직업가치관
예) 관대하다, 강인하다, 평화롭다 등	예) 사랑, 희망, 믿음, 편견 등	예) 배려심, 호기심, 학구열 등	예) 리더십, 친화력, 조직구성력 등	예) 소속감, 안정감, 전문성 등

- 약 20점까지 표가 되어 있는 점수판을 준비합니다.
- 지웠다 썼다 할 수 있는 작은 칠판(-참여하는 인원수만큼 필요) 혹은 A5 사이즈의 종이
  (-참여하는 인원수의 제곱수만큼 필요)

진행방법

- 한 사람에게 한 장씩 추상어 카드를 나누어준 후 그것을 '이야기톡 그림카드'를 이용해 구체적인 상황으로 묘사할 수 있도록 생각할 시간을 줍니다. (이 수업을 처음 하는 경우라면 그림카드를 1장만 사용하게 합니다. 여러 차례 진행을 하여 스토리텔링이 어느 정도 연습되어 있는 단계라면 그림카드를 3~5장 사용해 스토리를 만들도록 해도 좋습니다.)
- 한 사람씩 돌아가면서 문제출제자가 되어 자신이 들고 있는 카드의 단어를 묘사합니다. 이 때 주의할 점은 단어의 뜻을 설명하는 것이 아니라 그 단어를 떠올릴 수 있는 구체적인 상황을 묘사해야 한다는 것입니다.
- 출제자가 묘사한 구체적인 상황을 듣고 나머지 사람들은 떠오르는 단어를 각자의 칠판 혹은 종이에 적습니다.
- "하나 둘 셋"하면 적은 것을 들어 보여줍니다. (도전골든벨과 같은 형태)
- 그 단어가 문제출제자가 들고 있는 카드와 동일하면(추상어를 맞추면) 그 사람은 1점을 가져가게 됩니다. 또한 문제출제자는 맞춘 사람의 수만큼 점수를 가져갑니다.(4명이 맞혔으면 4점을 가져감)
- 모든 사람이 문제를 다 낸 후 최종적으로 가장 점수를 많이 가져간 사람이 이깁니다.

1. 스토리텔링   2. 이야기로 소통하기   3. 이야기 창작 놀이   4. 진로, 이야기를 만나다
5. 이야기톡이란   6. 이미지카드, 이렇게 사용해보세요

문제 출제의 좋은 예와 나쁜 예

좋은 예 추운 날씨에 덜덜 떨면서 학교에 갔는데 친구가 따뜻한 자리를 양보해주었어요.
이것은 어떤 마음일까요? (정답 : 배려)

나쁜 예
1. 사전적 정의를 설명함
   도와주거나 보살펴 주려고 마음을 쓰는 것을 무엇이라고 할까요? (정답 : 배려)
2. 또 다른 추상어를 사용하여 설명함
   사람들이 우러러 보고 사람들에게 선망의 대상이 되는 것입니다. (정답 : 존경)
3. 단어와 함께 쓰이는 표현을 사용
   사람들은 OO 바른 사람을 좋아해요. OO은 무엇일까요?(정답 : 예의)

💬 **실습하기**

• 추상어카드   • 스토리텔링

• 점수기록

1 2 3 4 5 6 7 8 9 10

1 2 3 4 5 6 7 8 9 10

(3) '가치사전' 만들기

💬 참고 책 : 쿠키 한 입의 인생수업

쿠키를 소재로 삼아 우리 삶의 소중한 가치와 개념을 알려주는 그림책. 작은 쿠키 하나에도 인생이 담겨 있답니다. 갓 구운 쿠키를 할머니께 맨 먼저 드리는 건 어른 공경이에요. 친구가 맡겨 놓은 쿠키를 안 먹고 잘 가지고 있는 건 믿음이지요. 너 한입, 나 한입씩 나눠 먹는 건 공평함이고, 친구가 모양이 이상한 쿠키를 내밀어도 한 번 먹어 보는 게 바로 열린 마음이에요. 그리고 너와 내가 함께 쿠키를 들고 계단에 가만히 앉아만 있어도 좋은 걸 만족이라고 하지요. 쿠키처럼 바삭바삭하고 달콤한 소중한 가치들을 만나보세요.

(출처: 작은곰자리)

 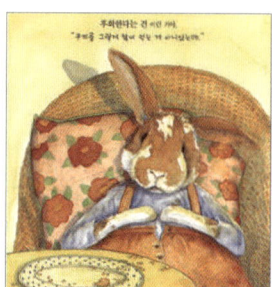 

- 추상적 단어

  서로 돕는다 / 참는다 / 당당하다 / 겸손하다 / 어른을 공경한다 / 믿음을 준다 / 공평하다 / 불공평하다 / 남을 배려한다 / 욕심이 많다

💬 나의 책 만들기

- 제목으로 가능한 것

1. 스토리텔링 2. 이야기로 소통하기 3. 이야기 창작 놀이 4. 진로, 이야기를 만나다
5. 이야기톡이란 6. 이미지카드, 이렇게 사용해보세요

- 내가 만들 책의 제목

- 책 만들기

💬 예시

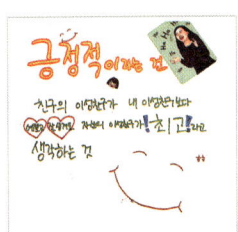

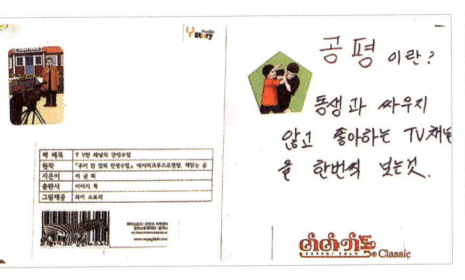
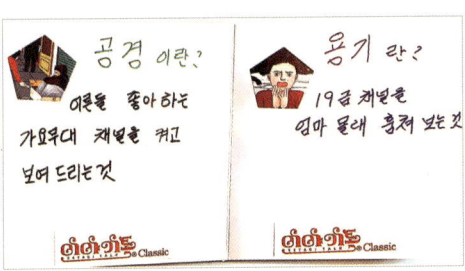

스토리텔링 교육 놀이

3. 이야기 창작 놀이

03 | 이야기 창작 놀이

(1) 우리가 이야기를 만들어야 하는 이유

작가가 될 것도 아닌데 이야기를 만드는 교육이 왜 필요한가

'이야기'는 인류의 역사가 시작할 때부터 있어왔다. 할머니는 손자에게, 그 손자는 다시 손자에게 구술로 이야기를 전달했다. 전달하는 과정에서 자신의 생각을 보태 각색하여 새롭게 이야기가 만들어지기도 했다. 우리는 그렇게 만들어진 수많은 이야기 속에서 살고 있다.

4-5세가 되면 인간은 무언가를 모방하여 이야기를 만드는 능력이 생긴다. 아이들을 만나보면 알겠지만 아이들은 우리가 생각하는 것보다 훨씬 더 이야기를 잘 만든다. 그리고 이야기 만드는 과정을 무척 재미있어 한다! 그런데 우리 교육 현실을 살펴보면 정답을 알려주는 주입식 교육을 차치하고라도, 문학교육에서는 이야기를 만드는 능력보다 이야기를 해석하는 능력을 키우는 데에 더 초점이 맞추어져 있는 것 같다. 그리고 부모님들이 물어본다. 작가가 될 것도 아닌데 이야기를 만드는 교육이 왜 필요한가요? 그 이유를 다음과 같이 정리해보았다.

1. 일인미디어 시대

산업시대에 개개인은 큰 시스템이 돌아가도록 하는 부품에 지나지 않는다는 비판은 여기저기에서 들렸다. 그러나 지금은 빠른 속도로 그것이 깨지고 있다. 이런 시대에 우리는 어떤 직업을 가져야 할까? 누구도 점쟁이는 아니라서 특정 직업을 딱 집어서 말할 순 없지만 이 한 가지는 확실하다. 적어도 스스로 콘텐츠를 만들어낼 수 있는 직업이라면 굶어죽지는 않는다는 것! 바야흐로 일인미디어 시대에는 나만의 콘텐츠가 필요하다. "콘텐츠=이야기"는 아니지만, "이야기를 입힌 콘텐츠"는 최고의 콘텐츠가 될 수 있다.

2. 창조는 이야기에서 나온다.

왜 스티브잡스는 '창조형인재'인가? 여러 가지 이유가 있겠지만 관련이 없어 보이는 분야인 인문학과 과학을 융합하고, 인터넷과 전화를 결합하는 등 두 가지 이상의 무언가를 합쳐서 새로운 것을 만들어 낸 것이 주된 이유일 것이다. 이야기만큼 돈 안들이고 창조를 할 수 있는 수단이 또 어디 있나. 게다가 내 옆에 있는 사람, 오늘 새로 나온 기사, 내 손에 있는 물건 등 주변의 아이템 열 가지만 가지고도 무한가지의 이야기가 가능하니 그 확장성은 말로 다 할 수 없다.

스토리텔링이 여기저기 접목되고 있다. 스토리텔링 건축, 스토리텔링 복지, 스토리텔링 마케팅, 스토리텔링 정책, 스토리텔링 전시…… 이렇게 합쳐지면 융합비즈니스가 되는 것이다. 이야기를 만들어본 경험을 하고 그 능력이 있는 사람은 스토리텔링을 포함하든 하지 않든 다양한 융합 비즈니스 모델을 생각해 낼 수 있다. 이제는 융합형 인재가 필요하다.

3. 다각적인 시각에서 문제를 풀 수 있는 문제해결능력이 생긴다.

A씨는 학창시절에 부모님이 함께 하시던 사업이 망했다고 한다. 올곧고 절대 쓰러질 것 같지 않았던 아버지는 거의 폐인이 되어 집에 들어오지도 않고 술로 나날을 보내셨다. 반면 평소 책을 많이 읽던 어머니는 '이런 과정이 우리가 더 성장할 수 있는 계기가 될거야. 힘들지만 참고 견뎌보자'라고 하며 잘 이겨

내셨다고 한다. 나중에는 아버지도 어머니의 그런 모습을 보고 다시 가정으로 돌아왔다고 했으니 이야기가 해피엔딩으로 끝나기는 했다.

책을 많이 읽어야 하는 이유 중, 간접경험을 많이 하게 되어 문제해결능력이 커진다는 것을 많이 들어 알고 있다. 그러나 책을 읽는 것에서 끝나지 않아야 한다. 더 적극적인 방법으로 내가 이야기를 만들어보아야 한다. 미리 시나리오를 짜는 것이다. "시나리오 쓰고 있네~"는 더없이 좋은 칭찬이다.

한편의 이야기는 문제가 생기고 그 문제가 어떤 방식으로든 해결이 되는 것으로 끝난다. 이른바 '갔다가 돌아오기' 구조이다. '니모를 찾아서'의 감독 앤드류 스탠튼에 의하면 '인간은 누구나 문제해결사로 태어났기 때문에 이야기를 접하면 이야기에 나오는 문제를 해결하는 데 동참한다'고 했다. 따라서 '갔다가 돌아오기' 구조를 이용해 이야기를 만드는 연습까지 하면 다각적 시각에서 문제를 바라보고 그것을 풀 수 있는 능력이 생기는 것이다.

4. 생각하는 힘

지금 시대는 "짧고(short), 재미있고(fun), 직관적인(intutive)" 콘텐츠를 원한다. 그러나 아무리 짧더라고 그 속에 갈등구조가 있는 이야기가 들어있다면 훨씬 사람들의 기억에 오래 남을 것이다. 그래서 말초신경만 자극하는 감각적인 콘텐츠가 아닌 한번 보고 나서 생각이 나게끔 하려면 스토리텔링을 배우는 것이 좋다.

이야기를 만들다보면 자연스럽게 '앞서 만든 이야기에서 어떤 이야기를 이어나가야 말이 되는지' 생각하게 된다, 내 인생이라는 스토리를 들여다보면서도, 내가 작년에 했던 생각에서 왜 지금 생각을 바뀌었는지를 '생각'해보는 것은 아주 중요한 일이다.

5. 이야기로 상대의 생각을 들을 수 있다

다섯 살 자녀를 두고 있는 엄마가 어느 날 이런 이야기를 했다 "우리 아이가 도대체 무슨 생각을 하고 있는지 알 수 있다면 내가 이번 달 월급을 다 줄 수도 있어요." 이 말을 열다섯 살 자녀를 두고 있는 엄마에게 말했더니 그 엄마는 이렇게 말했다. "우리 아이가 도대체 무슨 생각을 하고 있는지 알 수 있다면 내가 남편을 줄 수도 있어요." 우스갯소리이지만 우리 부모들은, 그리고 우리 사회는 상대방이 하는 생각이 너무나 궁금한 것 같다. 소통의 기본은 상대의 생각을 읽는 것인데, 직접적으로 그 생각을 알려고 하는 것보다 세련된 방법이 그 사람이 만든 이야기를 들어보는 것이다. 생각해보라. 누군가 나에게 "당신 꿈이 무엇인가요?" 라고 질문하면 부담스럽지 않겠는가? 그 때는 "10년 후에 내가 쓸 수 있는 경제적 뒷받침이 모두 되어 있다고 가정하면 무엇을 하고 있을 것 같은가?" 라는 식으로 이야기를 하도록 접근을 하는 것이 좋다 어른이든 아이든 '나'에 관해 직접적인 질문을 던지는 것을 부담스러워한다.

'이야기톡'을 이용해 이야기를 만들라고 하면 "저의 작문실력이 모자라서 아이에게 들킬 것 같아서 저는 못 하겠어요" 라고 말하는 사람들이 있다. 이야기 만들기=작문실력 이라고 교육 받은 우리의 모습이다. 작문실력이 좋으면 이야기를 더 잘 만들 수는 있겠지만, 그것과 상관없이 상대의 생각을 듣기 위해 이야기를 만든다고 생각해보면 어떨까? 그리고 이렇게 걱정하던 부모가 한번 해보면서 그 과정을 무척 즐기고 있는 모습을 나는 많이 봤다. 서두에 말했지만, 우리 인간은 타고나기를 이야기를 만들고 듣고 전달하는 것을 무척이나 좋아하고 잘한다.

이야기를 만드는 교육을 많이 시키자. '세상에 단 하나뿐인 나의 이야기'가 있다는 것은 얼마나 매력적인가. 그래서 나의 인생도 이야기처럼 풍부하게 살 수 있는 사람이 된다면 훨씬 재미있는 세상이 될 것 같다. 그리고 혹시 아는가. 해리포터와 같은 대작이 나와서 조앤롤링처럼 인생을 바꾸게 될지.

(2) 동상이몽 게임

같은 그림카드를 가지고 다양한 이야기를 만드는 놀이입니다.

진행방법

1. 이야기꾼끼리 논의하여 **이야기를 만들고 싶은 그림카드 2장을 고릅니다.** `앞면 펼쳐놓기`
   (카드 장수 조절 가능)
2. 이야기꾼 각자 그림카드를 보고 **떠오르는 이야기를 말해 봅니다.**
3. 친구의 이야기 중, **가장 마음에 드는 이야기에 투표**합니다.
4. 가장 많은 표를 획득한 1등이 승리합니다.

예 시

 여행길을 떠났습니다. 밤이 되어 어두워지자 길을 잃었습니다.

 뒤에서 낯선 발자국소리가 들립니다. 너무 놀라 달아났습니다.

 산책을 나갔습니다. 저 앞 연못에서 산신령을 만났습니다!

 도망자는 갈림길에서 망설입니다. 앗. 경찰서로 가는 길을 선택했습니다.

1. 스토리텔링   2. 이야기로 소통하기   **3. 이야기 창작 놀이**   4. 진로, 이야기를 만나다
5. 이야기톡이란   6. 이미지카드, 이렇게 사용해보세요

(3) 이야기톡 기본게임

💬 평화로운 이야기 마을에 무슨 일이?

가족캠프 등 커리큘럼에서 기본게임을 진행할 때, 실제 편지가 도착한 것처럼 실물을 만들어서 활용해도 좋습니다. 참가자 중에 한 명에게 편지를 읽도록 요청해 봅니다.

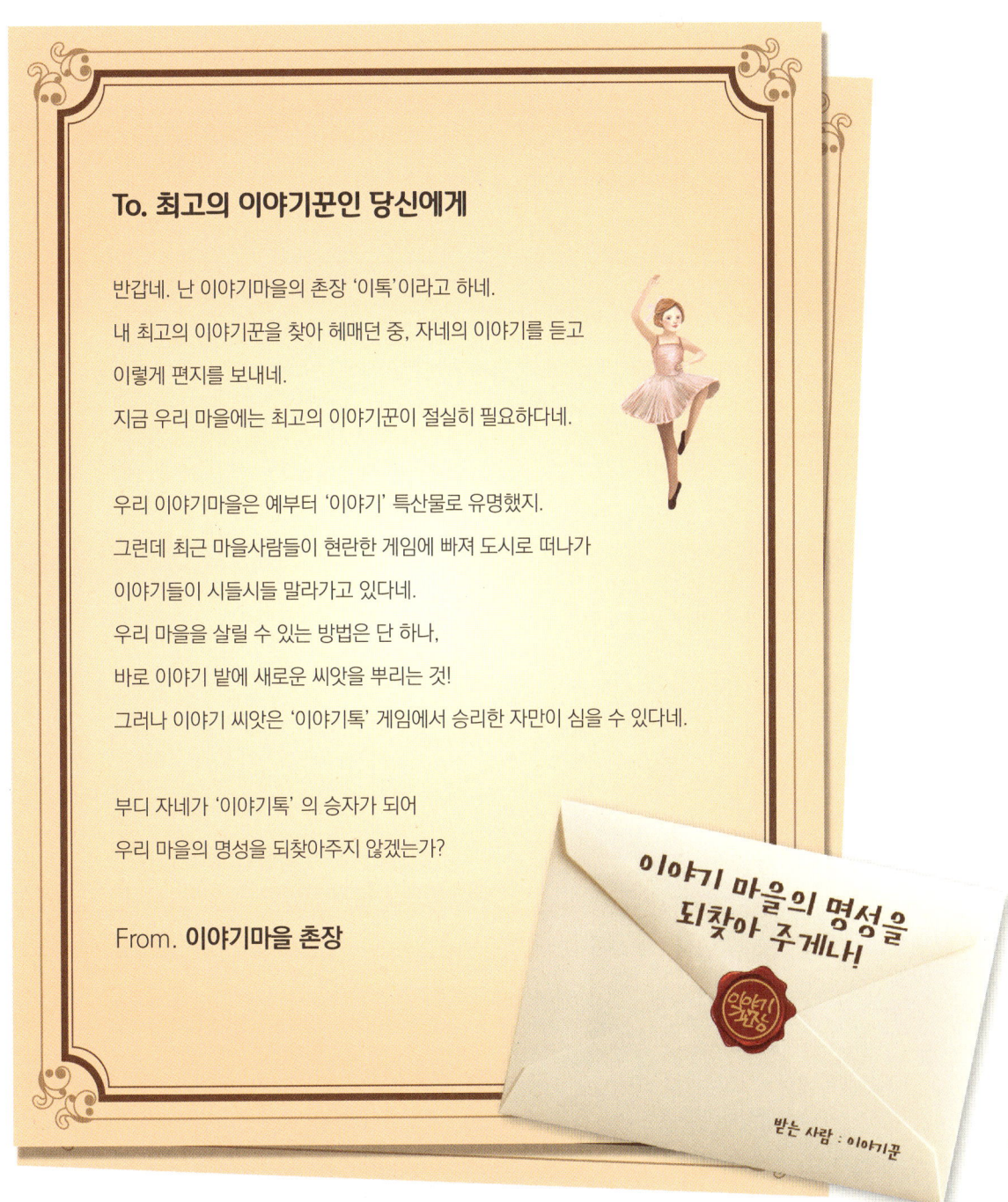

To. 최고의 이야기꾼인 당신에게

반갑네. 난 이야기마을의 촌장 '이톡'이라고 하네.
내 최고의 이야기꾼을 찾아 헤매던 중, 자네의 이야기를 듣고
이렇게 편지를 보내네.
지금 우리 마을에는 최고의 이야기꾼이 절실히 필요하다네.

우리 이야기마을은 예부터 '이야기' 특산물로 유명했지.
그런데 최근 마을사람들이 현란한 게임에 빠져 도시로 떠나가
이야기들이 시들시들 말라가고 있다네.
우리 마을을 살릴 수 있는 방법은 단 하나,
바로 이야기 밭에 새로운 씨앗을 뿌리는 것!
그러나 이야기 씨앗은 '이야기톡' 게임에서 승리한 자만이 심을 수 있다네.

부디 자네가 '이야기톡'의 승자가 되어
우리 마을의 명성을 되찾아주지 않겠는가?

From. 이야기마을 촌장

💬 기본게임 방법

게임준비

● **소재카드**
  · 인원 수에 따라 장수를 다르게 하여 나누어 가집니다.

2명	그림카드 6장 / 찬스카드 3장
3명	그림카드 6장 / 찬스카드 2장
4명	그림카드 5장 / 찬스카드 2장
5명	그림카드 4장 / 찬스카드 2장
6명	그림카드 4장 / 찬스카드 1장

  · 이 게임이 익숙해지면 그림카드와 찬스카드를 랜덤으로 섞어 나누어 가져도 좋습니다.

● **결말카드**
  · 뒤집어서 펼친 **결말카드 중 각자 한 장씩을 뽑아** 가집니다.

진행방법

1. **1번 이야기꾼**을 정하고 시계 방향으로 다음 이야기꾼을 정합니다.(제일 어린 사람부터 시작 or 가위바위보)

2. **1번 이야기꾼**부터 가지고 있는 카드를 내려놓으며 이야기를 시작합니다.
   이야기를 만들 수 있는 부분까지만 말하고, 자신의 턴이 끝났음을 알립니다.
   이야기에 사용된 그림카드는 모두가 볼 수 있도록 테이블 중간에 이야기의 진행 방향대로 놓습니다.

"한 여자가 갈림길에서
어느쪽으로 갈지 고민하고 있었습니다."

이런 식으로 카드그림에 맞춰 이야기를 만듭니다.

3. 다음 순서의 이야기꾼은 같은 방식으로 앞 사람의 이야기와 이어지는 내용을 만들되,
   자신의 결말로 이야기를 끌어올 수 있도록 스토리를 구성해야 합니다.

| 1. 스토리텔링 | 2. 이야기로 소통하기 | **3. 이야기 창작 놀이** | 4. 진로, 이야기를 만나다 |
| 5. 이야기톡이란 | 6. 이미지카드, 이렇게 사용해보세요 | | |

> 만약 이야기가 막힌다면? **"패스를 외쳐주세요!"**

 **패스**
자신의 순서에서 이야기를 이어갈 수 없을 때 '패스'를 말하고 차례를 넘깁니다.
패스를 할 때에는 그림카드 더미에서 1~2장의 카드를 가져 옵니다.(장수 선택 가능)
카드를 가져온 턴에서는 이야기를 할 수 없으며, 다음 턴에서 말할 수 있습니다.

> 갑자기 생각이 반짝! **불쑥 끼어들고 싶다면?**

 **찬스카드**
찬스카드는 자신의 순서에 사용할 수도 있고, 순서에 상관없이 불쑥 끼어들어 사용할 수도 있습니다. 이로 인해 이야기의 내용을 바꿀 수 있으며, 찬스카드를 낸 이후에는 찬스카드를 낸 사람부터 진행하는 것으로 순서가 바뀌게 됩니다.

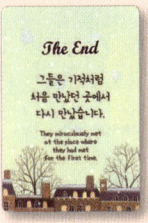 **결말카드**
모든 카드를 다 사용하고 결말카드 한 장만 가지고 있을 때에는 차례와 상관없이 끼어들어 결말을 짓고 게임을 끝낼 수 있습니다.

4. **자신이 가진 결말카드의 내용으로 이야기를 먼저 마무리하는 사람이 게임에서 승리**합니다.
   단, 결말카드는 자신이 손에 들고 있는 소재카드를 모두 사용한 후에 낼 수 있습니다.
   결말카드 한 장만 남았을 때에는 차례와 상관없이 끼어들 수 있습니다.

5. 이야기의 결말은 **모두가 동의할 수 있는 내용**이어야 합니다. 결말카드를 낸 사람의 이야기가 앞의
   전개와 맞지 않다면 **다른 이야기꾼들이 이에 반박할 수 있습니다.** 다수결을 통해 결말의 내용이
   인정되지 않으면 결말을 낸 사람은 이길 수 없으며, 마지막에 낸 카드들을 물려야 합니다.
   이 때 결말카드 더미에서 새로운 결말카드를 가져와 바꿀 수도 있고 결말카드를 바꾸지 않고
   계속 플레이할 수도 있습니다.

💬 업그레이드 기본게임하기

● **기본게임이 익숙해지면 다음과 같이 추가 규칙을 넣어도 좋습니다.**

  1. 손에 들고 있는 그림카드를 없애기 위해 **단순히 나열하는 내용으로는 말할 수 없습니다.**

"돈도 있고, 핸드폰도 있고, 책도 있었습니다 (X)"

  2. 하나의 카드에 **3문장 이상 말하는 것을 금지**합니다.

블랙비 박경의 팬인 순미는 인천공항에서 박경을 연호합니다. 그 모습을 tv에서 본 순미어머니는 저놈의 블랙비! 블랙비! 소리를 지릅니다. 지긋지긋해 합니다. 그러자...
(땡- 한 카드에 너무 긴문장)

(문제적 남자16.09.11 방송 중 전현무 이야기)

  3. **억지스러운 스토리는 No No!** 앞사람의 이야기에 이어지는 내용으로 어색하거나 억지스러운 이야기를 만든다면 다른 사람들이 이를 지적할 수 있습니다.

1. 스토리텔링　　2. 이야기로 소통하기　　**3. 이야기 창작 놀이**　　4. 진로, 이야기를 만나다
5. 이야기톡이란　　6. 이미지카드, 이렇게 사용해보세요

💬 기본게임 자주 묻는 질문(FAQ)

● 소재카드

Q. 소재카드를 3장 내고 바로 이어서 결말카드를 낼 수 있나요?
A. 가능합니다.

Q. 소재카드 1장에 얼마만큼 길게 말할 수 있나요?
A. 원칙적으로는 소재카드 **1장에 3문장 이하**로 말할 수 있습니다. 그러나 문장이라는 기준이 모호하므로 너무 길게 말하지만 않도록 서로 지켜주면 재미있는 게임을 진행할 수 있습니다. 어린이들의 경우 한 문장을 유달리 길게 하면서 억지스럽게 이어나간다면 진행자가 나서서 약간의 주의를 줄 필요도 있습니다. **서로가 즐겁게 이야기를 만드는 과정을 즐기는 것**이 이 게임의 목적입니다.

Q. 낼 카드가 없어 더미 중에 한 장을 가져간 후 그 카드를 바로 낼 수 있나요?
A. 더미에서 카드를 가져간 차례에는 **카드를 내지 않고 자신의 차례를 건너뛰어야 합니다.**

● 찬스카드

Q. 찬스카드는 그림과 글자 중에 어느 것에 맞춰 이야기를 만들어야 하나요?
A. 찬스카드는 단어의 의미에 맞춰서 이야기를 만듭니다. 단어가 동사인 경우 의미만 맞으면 됩니다.(어간일치)

● 결말카드

Q. 결말카드의 주어가 '그' 또는 '그녀'로 시작하는데요, 이야기 흐름에서 진행되고 있는 주어의 성별이 결말에서 바뀌어도 되나요?
A. 이것은 게임에서 이야기꾼끼리 룰을 정하기 나름입니다. 가능하면 이야기 흐름에서의 주어의 성별과 결말의 주어의 성별을 맞추는 게 좋지만, 성별은 무관하다는 룰을 정한다면 정해진 룰대로 진행해도 됩니다.

● 활용

Q. 게임이 가능한 연령은 몇 살부터인가요?
A. '이야기톡 클래식 기본게임'의 경우 약 **10세 이상부터 가능**합니다. 단, 모두에게 적용되는 것은 아니어서 사람마다 차이가 있으며, 어른과 아이가 함께 하는 경우 더 재미있는 게임 진행이 가능합니다.

Q. 게임의 룰을 한 번에 잘 이해하지 못할 경우 어떻게 해야 하나요?
A. '찬스카드'가 없는 상태에서 그림카드와 결말카드만으로 기본게임의 룰을 그대로 적용하여 진행해 보면서 게임 방식에 익숙해지도록 하면 좋습니다.

💬 **기본게임 방법 짧게 설명해보기**

💬 **기본게임 후 줄 수 있는 메시지**

💬 **기본게임을 포함한 2시간 커리큘럼 만들기**

제목		활동지 만들어 보기	
목표			
대상			
세부 사항			

1. 스토리텔링   2. 이야기로 소통하기   **3. 이야기 창작 놀이**   4. 진로, 이야기를 만나다
5. 이야기톡이란   6. 이미지카드, 이렇게 사용해보세요

이야기톡 게임을 하며 인생을 생각하다

스토리코치 윤성혜

스토리텔링 보드게임 '이야기톡'을 진행하면서 수많은 이야기가 만들어지는 과정을 보았다. 그 이야기가 만들어지는 과정과 내 인생이라는 한 편의 스토리가 만들어지는 과정에서 다음과 같은 유사점을 발견하였다.

01

계속 결말을 생각해야 한다.

'이야기톡'에서 승리하려면 다른 사람들이 아무리 방해를 해도 나의 결말을 기억하고 있어야 한다. 플레이어 중 한 명이라도 나의 결말을 끝까지 붙들고 있는 사람이 있다면 그 사람이 승리하는 게 이 게임이다.

서로 자기 결말을 생각하고 소재카드를 내기 때문에 이야기는 얼마든지 삼천포로 빠질 수 있다. 그러나 삼천포로 빠진 이야기도 다시 나의 결말과 연관이 되게끔 잘 돌리는 사람들이 있다. 타고난 능력으로 카드 한 장만으로 나의 물줄기로 이야기흐름을 돌리는 사람을 도저히 이길 방법이 없다면 다음과 같은 방법도 사용해볼 만하다. 삼천포 중에서도 삼천포 이야기인 경우 그 이야기를 통째로 은근슬쩍 무시해버리는 것이다. 어쨌든 그 모든 방해를 이겨내고 게임에서 승리하려면, 다시 말하지만, 나의 결말을 계속 생각하고 있어야 한다.

우리의 인생에도 어떤 결말이 있을 것이다. 그러나 우리는 다른 사람의 이야기만 듣다가 자신이 꿈꾸던 결말을 결국 흐지부지하게 만드는 걸 얼마나 많이 겪었던가. 당신도 언젠가는 꿈을 꾸었을 것이다. 그 꿈을 누군가가 빼앗는 것을 지켜보지만 말길 바란다. 그래서는 도저히 재미있는 스토리가 나오지 않는다.

게임의 룰을 잘 모르는 신입 플레이어의 경우, 받은 결말카드를 아예 엎어놓고 결말카드와 전혀 상관없이 전체 이야기를 신나게 만들어나가는 경우가 있다. 그러나 그 때는 남 좋은 일만 시킬 뿐이다. "지금 자기 결말로 이야기를 유도하고 있는 거 맞죠?" 하면 백발백중 "아!! 결말을 깜빡했다!"라고 말한다. '내 인생'이라는 한편의 이야기를 써 나갈 때도 "아!! 결말을 깜빡했다"라고는 말하지 말아야겠다는 다소 진지한 교훈(?)을 생각해본다.~

02 경청 & 함께

다른 사람이 말한 이야기를 잘 들어야 내 이야기를 이어나갈 수 있다. 재미있게도, 게임에서 꼭 이기기 위해 나의 결말만 생각하고 남의 이야기를 듣지 않으면 게임을 진행할 수조차 없다. 게임을 하다 보면 다른 생각을 하다가, 혹은 주위가 시끄러워서 "앞에 @@이가 뭐라고 말했어?"라고 다시 다른 사람이 말한 이야기를 듣는 장면을 간혹 본다. 그러나 게임을 많이 해 본 사람일수록 경청해서 함께 이야기를 만들어가는 스킬이 늘더라. 그래서 여러 번 게임을 해본 사람들의 경우 각자가 자신에게 유리한 쪽으로 유도를 하면서도 전체적으로 만들어지는 이야기가 꽤 퀄리티 높은 경우가 많다.

작가들은 혼자서 대하소설을 짓기도 하지만 '인생'이라는 이야기는 혼자 쓰는 게 아니다. 내 친구가 한 말, 부모님이 한 말이 '내 인생 스토리'의 큰 줄기를 흔들어놓거나 아예 방향을 바꾸어 버리는 경우가 얼마나 많던가. 그러나 그것을 잘 듣고 함께 이야기를 만들어나갈 때 더 재미있으면서도 아름다운 이야기가 나온다. 그래도 잊지 말자. 그럼에도 불구하고 결말을 기억하고 있어야 한다는 것을!

03 왜? Why?

이 게임은 부루마블처럼 어느 시점에 카드 한 장을 가져가야 한다거나, 100만원을 따거나 잃는다거나, 내 차례에 쉬어야 한다거나 하는 등의 명확한 룰이 없다. 단지 누군가가 말을 하고 그 말이 '어느 정도 수긍'가기만 하면 넘어갈 수 있다. 심지어 승패도 그렇게 결정된다. '어느 정도 수긍'이 되면 승자가 나온다. 그것이 이 게임의 묘미이기도 하다. 그렇지만 누군가가 한 말이 받아들이기 힘들 정도로 '이상하다'고 생각하면 카드를 물려야 한다. 그 때 다른 플레이어들이 이렇게 묻는다.

"거기서 갑자기 왜 아기가 등장해?"
"그 남자가 뜬금없이 할아버지에게 가는 이유가 뭔데?"
"가진 돈을 모두 잃었다면서 어떻게 바로 다시 부자가 돼?"

"왜?" 라는 질문이 없이는 '스토리'가 이어지지 않기 때문이다. '니모를 찾아서'의 감독 '앤드류스탠튼'은 "인간은 본능적으로 개연성이 없는 이야기에서 고개를 갸우뚱거리도록 태어났다"고 말했다.

우리 인생 이야기를 해 보자. 내가 중고등학생들과 수업을 하면서 "너희는 왜 학교를 다니니?" 하고 물어보았다. 쉰 명 중 서른 다섯 명은 "엄마가 다니라고 해서요. 안 다니면 안 되나요" 라고 말했다. 열다섯 명은 "안 다니면 사회에서 도태되니까요. 안 다니면 인정받지 못하니까요" 라고 말했고, 다섯 명은 "저도 생각 중이예요. 제가 왜 다니는지" 라고 말했다. 분명 우리 아이들은 "왜?"라고 질문했었다. 단지 어른들이 대답하지 못해주었을 뿐.

"수학은 왜 공부해요?"

어른들이 대답하지 못한다는 걸 알고부터는 아이들도 "왜?"라는 질문을 하지 않기 시작했다. 이런 질문에 익숙하지 않은 학생은 커서 다음과 같은 질문에도 잘 대답을 못할 것이다.

"당신은 왜 그 회사를 다니고 있나요?"
"당신은 왜 5년 전에 그런 선택을 하셨나요?"
"당신은 왜 괴로워하고 있나요?"

"왜?"라는 질문에 익숙해지고 그 대답에 대해 생각해야 좋은 이야기, 좋은 인생이 되지 않을까 생각해본다.

04
시작의 어려움

스토리텔링 보드게임 '이야기톡'을 접하기 전 사람들은 이런 걱정을 하는 것을 보았다.

'나는 작문실력이 부족한데 이런 게임은 잘 못할 것 같아.'
'우리 아이와 같이 하면 내가 창의력이 부족하고 책을 읽지 않는다는 것이 들통날 것 같아 아이와 같이 하지 못하겠어.'
'아.. 머리써야 하는 게임같은데 나는 머리 쓰는 거 싫은데..'

그래서 그 편견을 깨 드리고 겨우 시작을 하면 '첫번째 플레이어'가 된 사람은 또다시 다음과 같은 고민을 한다.

'어떻게 시작하지?'
'주인공을 누구로 하지?'

그래서 이 게임의 시작을 위해 좀더 디테일한 룰을 만들어달라는 주문을 몇 차례 받기도 했다. 그러나 '이야기톡' 연구진은 그렇게 하지 않았다. 왜냐하면 그렇게 하지 않더라도 이 게임은 생각보다 쉽기 때문이다! 그래도 조금 어렵다면 우리가 어디선가 들은 적이 있는 이야기의 3요소 '인물, 사건, 배경' 중에 하나로 시작해 보라고 권하고 싶다.

"어떤 섹시한 여자가 있었어요"
"길을 걸어가는데 차 두대가 퍽 부딪히는 소리를 들었어요"

"비가 오는 날이었어요"

그러면 아마 다음 사람이 알아서 이야기를 이어나가줄 것이다.

우리 인생은 전체가 한 편의 긴 이야기이고, 그 속에 작은 이야기들이 프로젝트처럼 벌어진다. 작은 이야기는 우리 반에 전학온 누군가로부터 시작될수도 있다. 누군가가 나에게 시비를 걸면서부터 시작할수도 있고, 시골여행지에서 시작할수도 있다. 그러나 많은 사람들은 그 '시작'하는 게 어려워한다. 그 이야기가 재미없이 끝날까봐 혹은 그 이야기의 결말이 흐지부지될까봐. 그러나 '그냥' 시작해보라! 그렇다면 나 혼자서가 아니라 다른 사람이 함께 그 이야기를 마무리해줄 것이다.

(4) 다섯조각 이야기

미션1 **주인공**	미션2 **하는 일**	미션3 **문제발생**	미션4 **해 결**	미션5 **결 말**
이야기의 **주인공**을 고르세요.	주인공이 **하고 있는 일**을 고르세요.	그 일을 하는데 **방해가 되는 것**이나, **문제**를 고르세요.	그 문제를 **해결할 수 있는 카드**를 고르세요.	이야기의 **결말**을 고르세요.

1. 스토리텔링   2. 이야기로 소통하기   **3. 이야기 창작 놀이**   4. 진로, 이야기를 만나다
5. 이야기톡이란   6. 이미지카드, 이렇게 사용해보세요

진행방법

1. 모든 소재카드를 앞면이 보이게 펼쳐 놓습니다. `앞면 펼쳐놓기`
2. 안내자를 한 명 선정하여, 안내자가 "지금부터 재미있는 이야기를 만들거예요"라고 소개하고,
   다섯 단계로 미션을 줍니다. 이야기꾼은 미션에 해당되는 카드를 고릅니다.

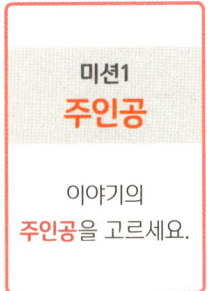 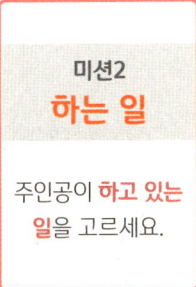 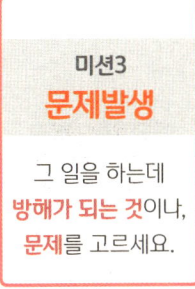 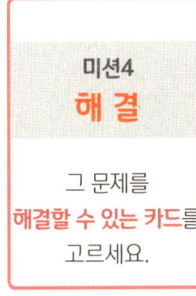 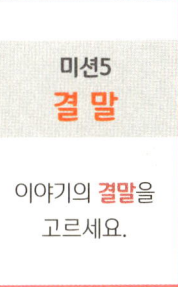

3. 각각의 이야기꾼은 **총 5장의 그림카드를 보고 이야기를 만들어 노트에 적습니다.**
4. **그림카드를 보여주며** 완성된 **자신만의 이야기**를 다른 이야기꾼들에게 **들려줍니다.**

다섯 조각 이야기의 심화

※ 각 단계에서 더 하고 싶은 이야기가 있으면 그림카드를 아래로 배치하여 완성도 높은 이야기를 만들 수 있습니다.

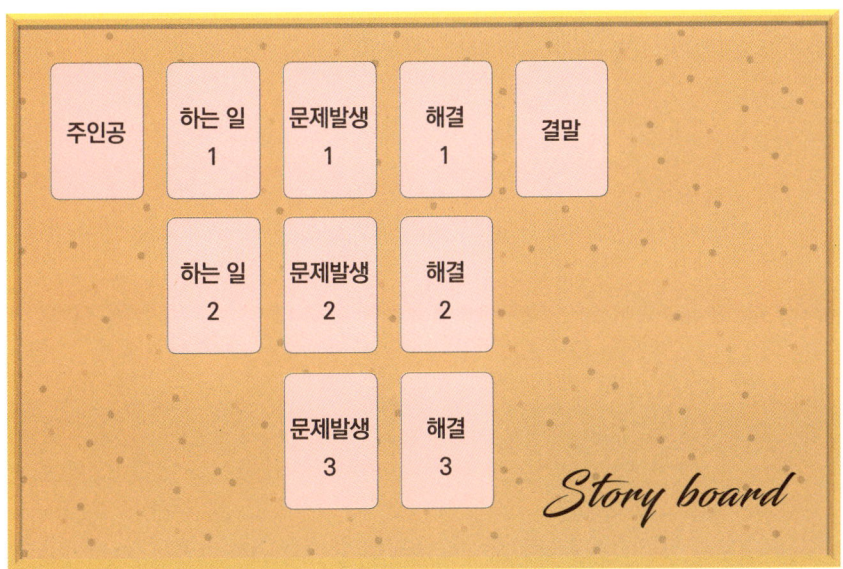

예시

어느 날 도티가 축구를 하고 있었습니다.

축구를 다하고 집으로 가고 있었습니다.

갑자기 천둥번개가 치고 번개에 맞아 기절하고 말았습니다.

하지만 때마침 지나가는 박쥐들이 집으로 데려다 주었습니다.

정신을 차리니 집이었습니다. 신기한 하루였습니다.

주인공　　하는 일　　문제　　해결　　결말

1. 스토리텔링 2. 이야기로 소통하기 3. 이야기 창작 놀이 4. 진로, 이야기를 만나다
5. 이야기톡이란 6. 이미지카드, 이렇게 사용해보세요

💬 다섯 조각 이야기의 변형

1) 소가 없어졌어요

주인공	하는 일	문제	해결	결말

주인공은 여자아이, 사는 곳은 바다가 보이는 목장입니다.

하고 있는 일은 소에게 풀을 먹이고 있는 일입니다.

그런데 어느 날 내가 풀을 먹이며 매일을 함께 보내던 소가 팔려가 버리네요.

2) 달팽이에게 무슨 일이

주인공	하는 일	문제	해결	결말

주인공은 달팽이입니다.

달팽이는 나뭇잎밥을 먹고 있는 것입니다.

그런데 어느 날 밥을 먹으러 가는 길목에 장애물이 생겼습니다.

💬 이야기 보여주기
- '다섯조각 이야기'로 할 수 있는 것

책으로 만들기

영상으로 만들기

광고로 기획하기

TV 프로그램 만들기

1. 스토리텔링　　2. 이야기로 소통하기　　**3. 이야기 창작 놀이**　　4. 진로, 이야기를 만나다
5. 이야기톡이란　　6. 이미지카드, 이렇게 사용해보세요

광고 만들기

(　　　) 만들기

스토리텔링 교육 놀이

4. 진로, 이야기를 만나다

04 | 진로, 이야기를 만나다

(1) 스토리텔링과 진로지도가 만나면?

1. 구체성

스토리텔링에서 '구체성'은 이야기를 더욱 재밌게 하고 흥미롭게 하는 중요요소입니다.

먼저, 나의 미래를 구체적으로 그려볼 수 있도록 도움을 줄 수 있겠네요. 막연하게 꿈이 '가수'라고 하는 학생이 있다고 해 봅시다. 그 학생에게 가수라면 어떤 가수를 꿈꾸는지, 그리고 그 가수의 하루일과는 어떨지를 스토리로 그려보는 방식입니다. 또 한가지, 스토리텔링의 '구체성'이라는 요소가 힘을 발휘하는 분야가 있습니다. 자기소개서/면접을 준비할 때입니다. '스토리텔링 자기소개서'는 무엇을 말하는 것일까요? 스펙타클한 인생의 굴곡이 다 들어가는 자기소개서를 말하는 것일까요? 여러분이 인사담당자라면 그런 취준생(취업준비생)을 뽑고 싶으신가요? 그건 아닐 것 같아요. '스토리텔링 자기소개서'란 나의 에피소드 중 대표적인 것을 보여주어 나의 역량과 특징을 설명하는 방식입니다.

> 💬 **자기소개서 1**
> "저는 우리 집에 첫째라서 리더십이 강합니다. 학창시절 반장을 하며 상대방의 마음을 항상 먼저 생각해야 한다고 생각했기에 배려심도 많습니다. 그리고 저는 처음 보는 사람과 잘 어울려서 친화력이 좋습니다"

> 💬 **자기소개서 2**
>
>
>
> 군에서 제가 내부반장일 때 처음에는 내무반장으로서의 책임감만 생각하여 후임들에게 모든 상황을 놓치지 않고 다 보고하도록 했습니다. 하지만 후임들은 제 말은 잘 들었으나 왠지 시키는 것만 잘 하고 활력이 없어 보였습니다. 그래서 어느 날은 축구를 할 때 제가 오히려 공을 주워오는 일을 하는 등 변화를 주어 보았습니다. 그 이후 우리는 팀웍이 잘 이루어져 소대를 최우수 소대로 표창을 받았습니다. 이 때의 경험으로 아무리 수직적인 관계일지라도, 대인관계에 있어서는 보스가 아닌 리더가 되어야 한다는 것을 개달았습니다. 따라서 리더로서 갖춰야 할 가장 큰 덕목은 솔선수범이라는 것을 저는 지금도 확실히 인지하고 있습니다.

〈자기소개서 2〉는 〈자기소개서1〉보다 스토리를 활용하여 내 인생에서 그냥 지나칠 수도 있었던 그 장면을 특별히 구체적으로 뽑아내어 나를 드러내고 있습니다 이렇게 스토리텔링의 원칙 중 구체성을 접목한 진로교육을 통해 학생이 스스로 진로에 대해 더욱 구체적으로 생각하고 정리할 수 있습니다.

1. 스토리텔링 2. 이야기로 소통하기 3. 이야기 창작 놀이 **4. 진로, 이야기를 만나다**
5. 이야기톡이란 6. 이미지카드, 이렇게 사용해보세요

2. 문제해결능력 – 어려움을 예상할 수 있다

모든 재미있는 이야기에는 갈등이 있고, 그 갈등을 해결해가는 과정이 있습니다. 백설공주를 보아도 왕비가 백설공주를 미워한 나머지 독사과를 먹이려고 하는 시도하는 장면에서는 손에 땀을 쥐고, 그것을 도와주는 난쟁이나 왕자가 나타날 때는 '이제 해결이 되려나보다' 라고 생각을 하게 되지요.

우리가 진로를 생각할 때에도 '무조건 잘 될 것이다, 혹은 간절히 원하기만 하면 이루어질 것이다'라고 생각하는 것이 아니라, 이야기처럼 어려움을 예상하고 예상한 어려움을 어떻게 극복해 나갈지 실질적인 해결방법을 생각하는 것은 매우 중요할 것입니다. 미래 다섯조각 이야기, 오르락내리락 이야기놀이, IF 진로장벽 등의 방법으로 문제해결 능력을 키워봅시다.

💬 미래 다섯조각 이야기

1단계의 질문	2단계의 질문	3단계의 질문	4단계의 질문	5단계의 질문
주인공	주인공이 하고 있는 일	예상되는 갈등	갈등이 해결되는 과정	결말
나의 현재 모습과 가장 닮아있는 카드를 고르세요	내가 미래의 어떤 결말을 위해 현재 하고 있는 일은 무엇인가요?	원하는 결말(10년 후 모습)이 되어가는 과정에 예상되는 갈등이나 문제는 무엇인가요?	이 상황을 해결하기 위해 어떤 일들을 해 볼 수 있을까요?	포스트잇에 미리 작성해놓은 나의 미래 모습

저는 지금 학교를 잘 다니고 있는 학생입니다.
그런데 말을 하는 걸 좋아하고 누군가를 가르치는 것도 좋아해요.
그래서 선생님이 되는 게 꿈인데 제가 선생님이 되기 위해 공부도 열심히 하고
준비를 하는 중에 걱정이 되는 게 있어요. 친구들과 싸우게 되고
그것 때문에 마음이 우울해질까봐 걱정이 됩니다.
하지만 저는 상대방 친구의 마음을 배려하는 것으로 그 문제를 해결하려고 합니다.
내가 우울한 마음이 드는 만큼 친구도 우울하고 괴로울 것이 분명합니다.
결국 저는 학생들을 위한 쉼터를 운영하는 선생님이 될 것입니다.

요컨대 진로에 스토리텔링을 적용하면, 나에게 맞는 직업을 찾고, 그 직업을 위해 준비해야 할 것과 만나게 될 위기, 그 위기를 어떻게 풀어나갈 것인지에 대해 미리 예상하고, 계획하고, 준비해나갈 수 있습니다.

3. 능동적 태도

정답이 있고, 내가 스스로 생각하기도 전에 그 정답을 누군가가 나에게 먼저 말해주는 것. 우리는 이런 교육에 익숙하죠? 하지만 이야기를 만드는 것을 절대 누군가가 먼저 해 줄 수 없습니다. 문제를 풀기만 하는 것이 아니라 문제를 만드는 것을 통해 내 진로도 능동적으로 그려나갈 수 있습니다.

현재 진로교육에서는 대체로 다음과 같이 진로 정보를 탐색하도록 하고 있습니다. 첫 번째는 진로교사(또는 외부 강사)가 이미 정해진 정보를 일방적으로 전달해주며 외우도록 하는 것입니다. 하지만 지금 단순히 수동적으로 받아들여 기억하고 있는 정보가 변화된 미래의 직업 환경에서 얼마나 남아있을까요? 두 번째는 몇 가지 선택 가능한 자료를 주며 학생들이 흥미를 느끼도록 하는 것입니다. 그 때 "**에서 선정한 미래의 유망직종'과 같은 자료도 보여줍니다. 하지만 본인에게 맞지 않은 유망직종이란 의미가 없으며 그마저도 시대에 따라 또 변할 수가 있는 것이므로 결국 다시 문제가 당사자에게로 돌아갈 수 있는 것이지요.

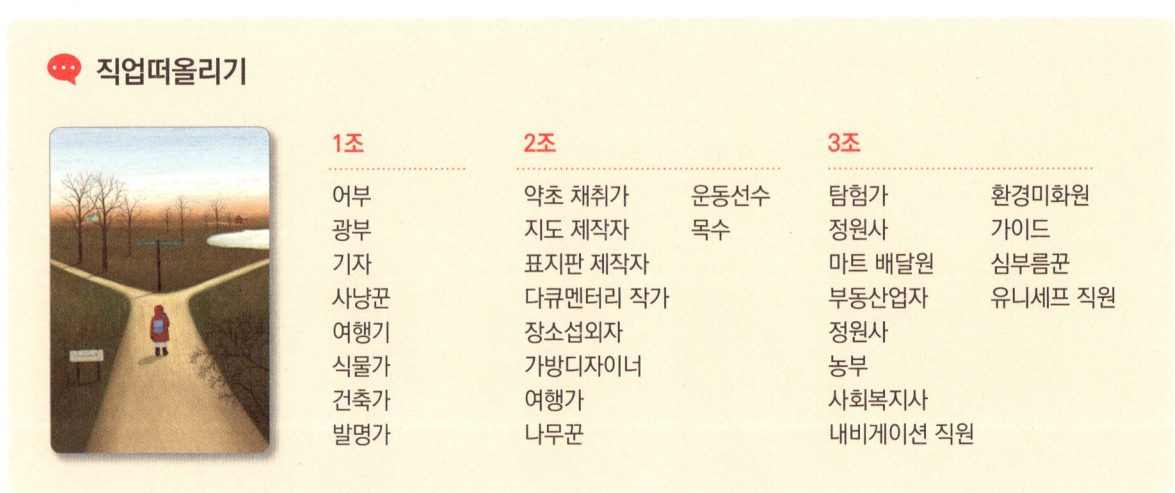

위의 그림은 초등학교 4학년 학생들에게 하나의 사진(그림, 현실의 장면 등으로 대체 가능)을 보고 '떠오르는 직업, 필요할 것 같은 직업, 연관지어 생각나는 직업'을 1분간 생각나는 만큼 모두 적게 하여 나온 결과입니다. 직업은 하늘에서 떨어진 것이 아니라 인간의 삶에서 필요한 것들이 모여서 된 것이므로 저학년부터 성인까지 이 수업에서 누구나 1분에 10개 이상의 직업을 말을 하곤 합니다.

선택지가 주어지고 그 중에서 고르는 것이 아니라, 백지의 상태에서 내가 관찰하고 고민해본 결과로서 직업과 삶의 형태를 탐색해 볼 수 있어야 합니다. '이야기'를 활용하면 스스로 나의 여러 직업과 삶의 형태를 관찰하는 능력, 백지에서 나의 이야기를 만들어내는 능력이 강화되기 때문에 이런 능동적 태도가 커질 것입니다. 객관식 문제를 아무리 잘 푸는 촉이 좋은 사람(?)도 진로만큼은 객관식의 형태로 풀어나가서는 안됩니다.

4. 일상의 발견

꿈이 가수라고 하는 아이들은 가수의 어떤 면을 생각하고 가수가 되고 싶어하는 걸까요? 1000명의 관중 앞에서 노래를 부르고 있는 모습? 팬들에게 선물을 받고 즐거워하는 모습? 하지만 '직업인의 하루일과'의 방식으로 진로 수업을 진행해보면 실제 가수의 하루일과는 그것이 다가 아니라는 것을 알게 됩니다.

💬 직업인의 하루일과

직업명 : 가수

아침에 일어나자마자 몸에 좋은 것을 먹습니다.

아침을 챙겨먹은 후 운동을 합니다. 노래를 잘 부르기 위해서는 하체와 복부가 튼튼해야 하기 때문입니다. 운동 후에는 시청자들의 안구보호를 위해 외모를 가꿉니다. 피부과에 가서 레이저도 맞고, 보톡스도 맞습니다. 상쾌해진 몸과 마음으로 새로운 곡을 쓰기 위해 음악 공부를 하고, 곡 작업을 합니다. 한참을 해도 영감이 떠오르지 않아 소속사 대표를 찾아갑니다. 매니저와 함께 소속사를 찾아가 재계약에 대한 미팅을 끝내고, 집으로 돌아갑니다. 복부 건강을 위한 쾌변 후 잠자리에 듭니다.

스펙타클한 인생 이야기가 있고, 갈등과 갈등의 해결이 꼭 들어가 있는 것만이 스토리텔링이 아닙니다. 그런 특별한 날을 위해 하루 일과를 이야기로 생각해서 정리해보는 것도 스토리텔링입니다.

5. '선택'이 아닌 '태도'의 중요성

청춘들의 진로고민을 들어주고 그것에 대해서 함께 모색해보는 프로그램이 있습니다. 주로 도착하는 사연은 다음과 같습니다.

"제가 토익은 ○○점이고, 봉사시간은 ○○시간이고 ○○학과를 전공했는데요, 저는 공무원을 할까요? 아니면 중견기업에 취직을 할까요?"

"남자친구는 결혼을 하자 그러고 저는 대학원에 가고 싶은데, 제가 원하는 대학원에 진학하면 결혼은 2년 미뤄야 해요. 저는 어떻게 해야 할까요?"

인생에서 중요한 기로의 순간에 누군가 결정을 대신 내려주기를 바라는 것은 인간이 가진 기본적인 욕구일 겁니다. 하지만 우리가 확실히 알고 있는 것 하나는 그렇게 대신하여 선택해준 그 사람이 나의 미래를 책임져주지는 않는다는 거지요.

한번은 지인의 초등학생 자녀를 만났는데 놀라운 이야기를 들었습니다. 13살 아이에게 꿈이 뭐냐고 누군가 물었더니 그 아이는 이렇게 대답을 하였습니다.

"현대중공업 입사요"

'꿈은 동사형으로 말해야 한다, 꿈너머꿈을 생각해야 한다.'는 시중 자기계발서의 메시지는 모른다 하더라도, '특정회사에 입사'하는 것이 나의 '꿈'이 되는 것은 무척이나 슬픈 일입니다. 왜냐하면 그곳에 입사를 하는 '선택'을 하는 것=행복 과 연결되는 것이 아니라는 것을 우리는 알고 있기 때문입니다.

'IF진로장벽' 방식에서는 내 꿈을 말한 후, '그런데 그 꿈을 향해가는 과정 중에 당신에게 만약 ○○한 일이 생긴다면 당신은 어떤 행동을 취하겠는가'를 말하게 합니다. IF에는 대체로 부정적인 요소가 들어가며 '이야기의 3요소'인 인물, 사건, 배경으로 구성된 카드 중에 하나를 고르는 방식입니다.

1. 스토리텔링　　2. 이야기로 소통하기　　3. 이야기 창작 놀이　　**4. 진로, 이야기를 만나다**
5. 이야기톡이란　　6. 이미지카드, 이렇게 사용해보세요

예를 들어 꿈이 헤어디자이너인 학생이, '직업군인인 배우자를 만난다면 어떻게 하겠는가?' 라는 질문에 대해 '가는 곳마다 군인 가족의 머리를 다듬어주어 tv에 나오는 사람이 된다'라고 대답하는 식입니다.

이렇게 내가 어떻게 할 수 없는 상황에서 취하는 행동에는 내가 헤어디자이너가 되고자 했던 '이유(why)'가 나오게 마련입니다. 이 학생의 why는 '다른 사람을 예쁘게 꾸며주는 게 좋다. 그럴 때 기분이 좋다' 였습니다.

한 번의 선택을 하면 그 이후 모든 삶의 형태가 결정된다고 생각하는 '선택' 중심의 진로교육에서 벗어나야 합니다. 선택보다 중요한 것은 '태도'입니다. 매 순간 크고 작은 선택을 할 때마다 나는 왜(why) 그것을 선택하려고 하는지 고민해보는 태도, 나에게 중요한 것들은 무엇인지 우선순위를 정해보는 태도 말입니다. 장벽을 만나면 우리는 우선순위를 명확히 정하게 됩니다.

이제는 단순히 직무와 회사정보를 탐색하고 자기소개서를 잘 적는 방법을 알려주는 진로수업에서 더 나아가야 합니다. 내가 어떤 태도를 가지고 있느냐에 따라 모든 것이 바뀔 수 있다는 것을 알아야 합니다. 그리고 나에게는 어떤 why가 있는지 스스로 질문하고 답을 찾는 진로지도가 필요한 때입니다.

(2) 오르락 내리락 이야기 게임

💬 준비물

| 오르락내리락 이야기 게임판 | 이야기톡 그림 스티커 | 분홍색 포스트잇 12장 플러스(+ 쪽지) | 노란색 포스트잇 12장 마이너스(– 쪽지) | 주사위 | 말 |

진행방법

💬 게임판 만들기

1. 조원이 의논하여 특정 목표를 한 가지 정하고. 그 목표를 100번 칸에 적습니다.

   > 예시 : 3000천만원을 만들어 세계여행 가기, 우리회사 매출 20억 달성하기

2. 목표를 달성하는 데에 도움이 되는 행동, 상황 12가지를 분홍색 포스트잇에 적어, UP 화살표 칸에 붙입니다. (+ 쪽지)

   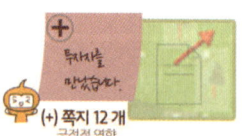

3. 목표를 달성하는 데에 방해가 되는 행동, 상황 12가지를 노란색 포스트잇에 적어, DOWN 화살표 칸에 붙입니다. (– 쪽지)

4. 앞서 붙인 +쪽지와 –쪽지의 내용에 어울리는 그림을 이야기톡 그림 스티커에서 골라 붙여, 목표로 향하는 길을 시각화 합니다.

1. 스토리텔링	2. 이야기로 소통하기	3. 이야기 창작 놀이	**4. 진로, 이야기를 만나다**
5. 이야기톡이란	6. 이미지카드, 이렇게 사용해보세요		

💬 오르락내리락 게임하기

 자, 이제 오르락내리락 이야기 게임을 진행해 볼까요?

1. 편을 나눈 후에, 주사위를 굴려 주사위에 나온 숫자대로 칸을 옮겨 갑니다. UP / DOWN 화살표에 도착하면, 화살표가 가리키는 칸으로 이동합니다. (50번 UP 화살표 칸 도착 → UP 화살표가 가리키는 72번 칸으로 이동)

2. 100번 칸에 먼저 도착하는 사람이 목표를 달성! 승리합니다. (짝짝짝)

게임 Tip
1. 화살표 칸에 걸려서 올라가거나 내려갈 때, UP / DOWN이유를 게임 참가자 전원이 크게! 2번을 외치며 이유에 대해 생각해 보는 시간을 가져 주세요.
2. 4인 1조 기준 : 말을 4개 놓고 개인전을 하거나, 2명 씩 팀을 짜서 2개의 말로 할 수도 있어요.
3. 목표는 구체적일수록 좋습니다.

예시

목표 | 웹툰작가 되기
게임참여 : 중학생

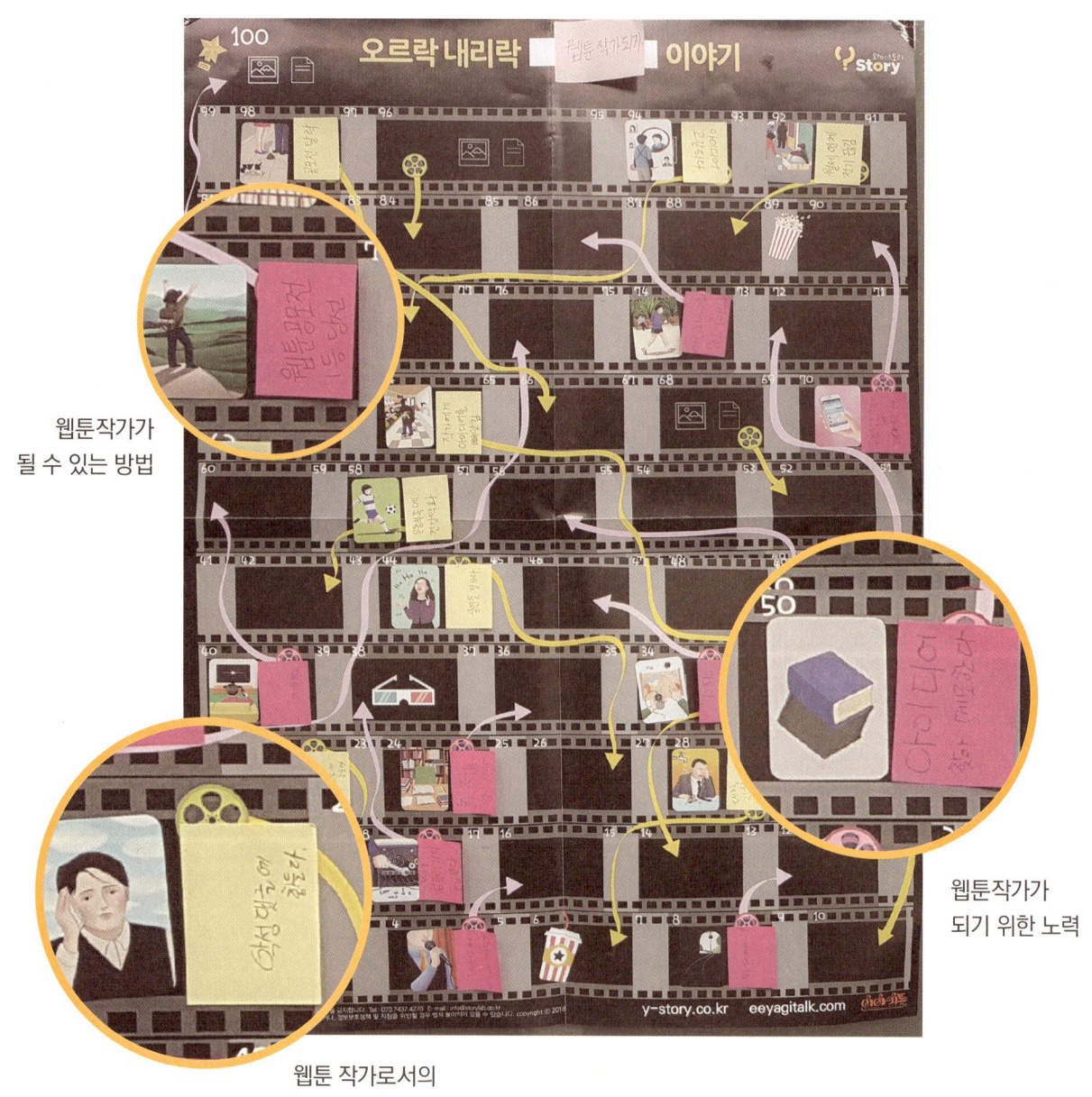

웹툰작가가
될 수 있는 방법

웹툰작가가
되기 위한 노력

웹툰 작가로서의
힘든 점

1. 스토리텔링　　2. 이야기로 소통하기　　3. 이야기 창작 놀이　　**4. 진로, 이야기를 만나다**
5. 이야기톡이란　　6. 이미지카드, 이렇게 사용해보세요

> **예시**

목표 | 모두가 탐내는 인재 되기
게임참여 : 00지역 학부모

우리 아이가 미래 인재상이 될 수 있게 하는 행동

💬 우리 팀에서 정한 목표

💬 목표에 도움이 되는 행동, 상황 12가지

💬 목표에 방해가 되는 행동, 상황 12가지

💬 오르락 내리락 게임판을 만들면서 느낀 점?

💬 오르락 내리락 게임을 하면서 느낀 점?

💬 오르락 내리락 이야기놀이판으로 해볼 수 있는 주제

| 1. 스토리텔링 | 2. 이야기로 소통하기 | 3. 이야기 창작 놀이 | **4. 진로, 이야기를 만나다** |
| 5. 이야기톡이란 | 6. 이미지카드, 이렇게 사용해보세요 | | |

(3) 직업인의 하루 일과

다른 사람의 일상을 상상해보면 그 사람을 더욱 잘 이해할 수 있으며 내가 상상한 모습과 실제의 모습을 비교해 보고 소통의 시간을 가져 봅시다.

진행방법

1. 이야기꾼들이 의논하여 **누구의 일상을 들여다보고 싶은지** 정합니다. [앞면 펼쳐놓기]

2. 그림카드를 모두 앞면이 보이게 놓습니다.

3. 그 사람이 '**아침에 일어나서 밤에 잠들기까지**' 하루 동안 일어날 수 있는 일을 그림카드에서 골라 봅니다.

4. 내용을 적거나 서로 말해봅니다.

5. [추가] 상상한 모습과 실제의 모습을 비교해보며 소통의 시간을 가지는 것도 좋습니다.

《예》 자녀 : 엄마의 하루일과를 상상해서 말한다. 엄마 : 본인의 하루일과를 말한다.)

예 시

💬 **웃음치료사의 하루**

| 일어나자마자 오늘 스케줄 체크를 합니다. | 독서를 통해 정서적으로 편안한 마음을 유지합니다. | 예비 엄마들에게 긍정적인 마인드를 심어주려 합니다. | 스트레스를 받은 분들을 깔깔깔 웃음이 정답입니다. | 하루의 마무리는 TV를 통해 최신 트렌드를 알아보며 마칩니다. |

💬 (　　　　　　　　)의 하루일과

💬 '직업인의 하루일과'를 변형해 볼 수 있는 주제

1. 스토리텔링   2. 이야기로 소통하기   3. 이야기 창작 놀이   **4. 진로, 이야기를 만나다**
5. 이야기톡이란   6. 이미지카드, 이렇게 사용해보세요

💬 '직업인의 하루일과'를 포함한 직업체험 프로그램 구성하기

1단계, 〈만남 전〉 (   )의 하루 일과를 상상해서 만들어봅시다.

2단계, 〈만남 전〉 (   )를/을 만났을 때 질문할 인터뷰 리스트를 작성해 봅시다.

3단계, 〈만남 중〉 (   ) ○○○의 실제 하루일과를 물어 보아요.

예시   〈 권건우 사육사 〉

- 새벽에 출근해서 동물들의 상태를 둘러본다.
- 똥을 치우고. 사료를 준비한다. 어제 밤에 해 놓은 밥을 준다.
- 그리고 장난감을 만들거나 〈먹이풍부화〉 〈행동풍부화〉를 위한 도구를 만든다.
  (쉽게 먹을 수 있는 먹이를 일부러 움직임을 가진 후 먹도록 통을 만드는 것 등).
- 잠시 시간이 나면 공부를 해야 하는데 사료학, 행동학, 보건 수의, 간호학, 엔터테인먼트 중에
  공부를 한다. 고객이 찾아왔을 때 고객에게 설명해준다. 그러자 사람들이 즐거워한다.
  다시 동물들을 한번 더 관찰하고. 저녁이 되면 동물을 내실로 넣고. 외실에
  어지러진 것을 정리하고 똥도 치운다. 사료를 준비하고 조리실도 청소한다.
  시건장치가 잘 되어 있는지 확인하고 밤이 되어 퇴근한다.

4단계, 〈만남 후〉
- 실제로 (   )를/을 만났을 때 내 예상과 달랐던 것은 무엇인가요?
- 이 과정에서 내가 느낀점은 무엇인가요?

> 참고

- 직업 옆에 직업 옆에 직업

- 하루

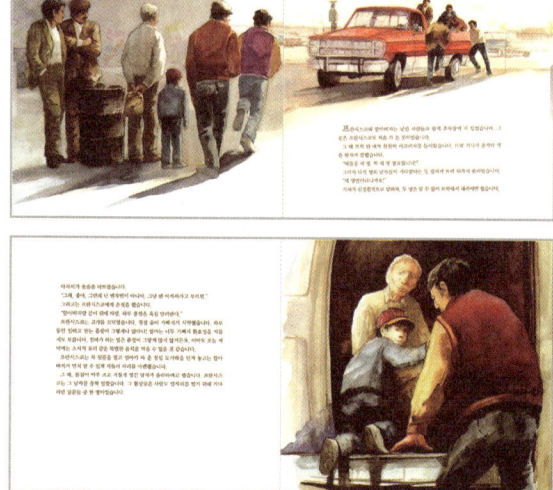

| 1. 스토리텔링 | 2. 이야기로 소통하기 | 3. 이야기 창작 놀이 | **4. 진로, 이야기를 만나다** |
| 5. 이야기톡이란 | 6. 이미지카드, 이렇게 사용해보세요 | | |

(4) 미래 순간 포착

미래의 한 장면을 사진 찍듯이 생생하게 그려보고 그 때의 나를 인터뷰하는 시간입니다.

진행방법

1. 두 명씩 짝을 지어 코치와 이야기꾼을 정합니다.

2. 이야기꾼은 빈 카드에 '10년 후 나의 모습'을 **글 또는 그림**으로 작성합니다.
   ➡ 이것이 '미래 다섯조각 이야기'에서 '결말'이 됩니다.

3. 코치는 이야기꾼이 그린 결말에 대해서 그것이 이미 이루어진 것처럼, 현재형 언어를 사용하여 구체적으로 질문합니다.

미래 순간포착 질문 ('미래 다섯조각 이야기'의 5단계 질문)	– 아, 멋있네요. 지금 어떤 옷을 입고 있나요? – 이런 나를 바라보는 사람들이 뭐라고 말하고 있나요? – 지금 기분이 어떠세요? – 지금 우리가 서 있는 이 장소에 대해서 설명해주세요. – 이번에 아침마당에 출연해달라는 제의를 받았을 때 어떤 느낌이 드셨나요? – 지금 이런 내 모습이 내 인생에 주는 의미 혹은 메시지는 무엇인가요? – 지금까지 오면서 가장 힘들었던 일은 무엇인가요? – 나를 가장 지지를 해준 사람은 누구인가요? – 앞으로의 계획은 어떠신지요?

4. 마지막은 항상, "다시 현실로 돌아와서 묻겠습니다" 이렇게 10년 후 모습을 현재의 모습처럼 자세히 생각해서 대답해보니 기분이 어떠셨어요?" 라고 질문합니다.

년   월   일 장소:

1. 스토리텔링　　2. 이야기로 소통하기　　3. 이야기 창작 놀이　　**4. 진로, 이야기를 만나다**
5. 이야기톡이란　　6. 이미지카드, 이렇게 사용해보세요

예시

• 체육선생님이 되어 있는 김군

학생 : 저는 선생님이 꿈입니다.

코치 : 무슨 과목 선생님이 되고 싶어?

학생 : 체육선생님이요.

코치 : 그렇구나. 어떤 체육선생님이 되고 싶어? 네가 지금까지 본 선생님 중에 누구를 가장 닮고 싶어?

학생 : 제가 6학년 때 본 선생님 중에 매주 수요일마다 학생들을 집으로 불러서 맛있는 것을 해 주던 선생님이 있었는데 그런 선생님이 되고 싶어요.

코치 : 그럼 그것을 네가 다시 한 번 정리해서 말해볼래?

학생 : 저는 "학생들을 위한 쉼터를 운영하는 선생님"이 되고 싶어요.

코치 : 그렇구나. 그런 선생님이 되었다고 생각하면 지금 기분이 어때?

학생 : 아주 좋아요.

• 행복마을 컨설턴트가 되어있는 이씨

Q. 어떤 장면인지?

A. 행복마을 컨설턴트가 되어 있다. 마을을다니면서 코디 역할을 잘 하고 있다. 그리고 지금 카페를 차려서 그 카페를 중심으로 사람들이 모여드는 구심점이 되고 있다.

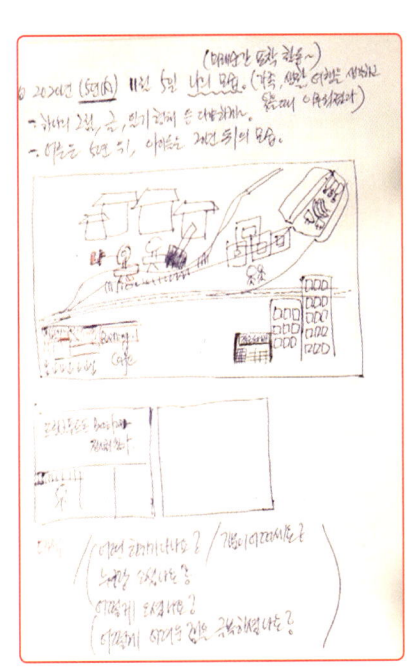

〈인터뷰〉

Q. 대단하시네요. 카페에는 손님이 얼마나 오세요?

A. 저는 게으른 사람이 되는 게 목표였는데. 정말로 손님이 하루에 10분 이내로 오셔서 제가 카페에 매여있지 않아도 된답니다.그래도 제가 생활비 걱정을 하지 안하도 된다는게 너무 좋은거죠~ 그런데, 어디 기자이시죠?ㅋ

Q. 아, 저는 동아일보에서 나왔어요. ^^ 또다른 질문, 그 동안, 10년 동안 어떤 노력을 했나요?

A. 그 사이 이야기톡이라는 도구를 배웠어요. 그리고 한 두명씩에게 적용하고 있었는데 점점 그 수를 늘였더니 제가 지금 이 일을 하는데 도움이 되네요.

(5) 미래 다섯조각 이야기

진행방법

1. 두 명씩 짝을 짓고 한 사람이 이야기꾼, 나머지 한 사람은 코치가 되어줍니다.
2. '미래순간포착'에서 나온 결말을 각자 스토리보드판의 가장 오른쪽(5단계)에 배치합니다
3. '다섯조각 이야기' 중 나머지 부분을 채울 수 있도록 소재카드를 펼쳐놓습니다.
4. 펼쳐놓은 소재카드 중에서 각 단계에 해당하는 카드를 각각 고를 수 있도록 코치가 다음과 같이 질문을 합니다.
   ('다섯조각 이야기' 방식)

1단계의 질문 주인공	나의 현재 모습은 어떠한가요?

2단계의 질문 주인공이 하고 있는 일	내가 미래의 어떤 결말을 위해 현재 하고 있는 일은 무엇인가요?

3단계의 질문 예상되는 갈등	· 원하는 결말(10년 후 모습)이 되어가는 과정에 예상되는 갈등이나 문제는 무엇인가요? · 인정하고 싶지 않은 자신의 모습은 무엇입니까? · 가장 피하고 싶은 것은 무엇입니까? · 당신 앞에는 지금 어떤 벽이 가로막혀 있습니까? · 결말을 향해가는 데 현실적인 어려움은 무엇입니까? · 결말을 생각하면 방해하는 것은 무엇입니까? · 결말을 이루는 데에 가장 발목을 잡는 것은 무엇입니까? · 당신의 에너지를 빠지게 하는 것은 무엇입니까? · 진짜 방해물은 무엇입니까? · 실행을 가로막는 자신의 부정적인 습관이나 사고방식은 무엇입니까? · 개인적으로 안고 있는 어려움은 무엇입니까? · 해결해야 할 사람(조직)은 누구이며, 그것은 어떤 문제입니까?

1. 스토리텔링 2. 이야기로 소통하기 3. 이야기 창작 놀이 **4. 진로, 이야기를 만나다**
5. 이야기톡이란 6. 이미지카드, 이렇게 사용해보세요

4단계의 질문
예상되는 갈등

- 이 상황에서 당신이 선택할 수 있는 것들은 무엇이 있을까요?
- 현실적인 어려움에도 불구하고 시도해 볼 수 있는 것들은?
- 현재 상황에서 당신이 할 수 있는 것들은 무엇이 있을까요?
- 가장 효과가 있을 것으로 생각되는 것은?
- 그 중 가장 먼저 시도해 볼 수 있는 것을 한 가지 선택한다면?
- 이 일에 관해 당신이 갖고 있는 정보는 무엇입니까?
- 당신이 필요한 해결책을 어디서 찾을 수 있습니까?
- 누구에게 조언을 구하면 좋을까요?
- 10년 뒤 성공한 자신이 이번 일에 대해 조언을 해 준다면?
- 존경하는 사람이 대안을 제시한다면?

5. 완성된 각자의 스토리판의 내용을 발표합니다. 발표는 **'5단계-1단계-2단계-3단계-4단계'의 순서로 하는 것이 좋습니다.**

예시

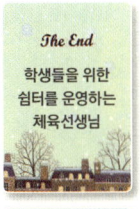

- **5단계** 저는 학생들을 위한 쉼터를 운영하는 선생님이 되는 것이 직업적 꿈입니다.
- **1단계** 지금는 학교를 잘 다니고 있는 학생입니다.
- **2단계** 그런데 말을 하는 걸 좋아하고 누군가를 가르치는 것도 좋아해요.
  그래서 선생님이 되는 게 꿈인데 제가 선생님이 되기 위해 공부도 열심히 하고 준비를 하고 있습니다.
- **3단계** 걱정이 되는 게 있어요. 친구들과 싸우게 되고 그것 때문에 마음이 우해질까봐 걱정이 됩니다.
- **4단계** 저는 상대방 친구의 마음을 배려하는 것으로 그 문제를 해결하려고 합니다. 내가 우울한 마음이 드는 만큼 친구도 우울하고 괴로울 것이 분명합니다. 그리하여 저는 결국 학생들을 위한 쉼터를 운영하는 선생님이 될 것입니다.

미션1 **주인공(나)**	미션2 **(내가)하는 일**	미션3 **문제발생**	미션4 **(나의)해결**	미션5 **(나의)결말**
지금 나의 모습을 고르세요	미래 나의 모습을 위해 앞으로 내가 노력할 것을 고르세요	그 과정에서 예상되는 문제를 고르세요	문제를 해결할 수 있는 방법을 고르세요	미래의 나의 모습을 고르세요 (미래순간포착)

1. 스토리텔링   2. 이야기로 소통하기   3. 이야기 창작 놀이   **4. 진로, 이야기를 만나다**
5. 이야기톡이란   6. 이미지카드, 이렇게 사용해보세요

6. 완성된 이야기가 구체적이지 않으면 아래쪽으로 카드를 더 붙이면서 보다 구체적인 스토리로 만들어 봅시다.

주인공	하는 일	문제	해결	결말

고민으로 인해 어두운 표정의 주인공	그럼에도 열심히 나의 일과 공부를 하고 있다.	선택으로 인한 갈등을 느끼고,	무한 긍정과 웃음으로 해결의 실마리를 찾게 된다.	터널 끝의 빛처럼 기분 좋은 날들이 펼쳐질 것이다.

⬇ 구체화 코칭

주인공	하는 일	문제	해결	결말

가수가 되고 싶지만 가수가 되기엔 얼굴이 그다지 예쁘지 않다	가수가 되는 것은 외모가 다가 아니라는 생각에 열심히 공부하고 있다.	나는 가수만 되고 싶은 것이 아니라 교사도 되고 싶기에 갈등을 느낀다.	낮엔 교사, 저녁엔 밴드를 한다고 했던 중학교 때 음악쌤을 찾아가봐야겠다. 가수가 되는 길을 기획사 홈페이지에서 찾아봐야겠다. 무한 긍정과 웃음이 해결의 실마리를 줄 것이다.	마침내 가수가 되어 기분 좋은 날들이 펼쳐질 것이다.

스토리텔링 교육 놀이
5. 이야기톡이란

05 이야기톡이란

(1) 이야기톡 개발 과정

💬 **이야기톡이 만들어진 배경**

> " 이야기 만들기가
> 세상에서 제일 재미있는 놀이가
> 될 수 있지 않을까? "
> 라는 물음이 만들어 낸 **스토리게임**

이야기톡은 남녀노소 누구나 이야기를 보다 쉽고 재미있게 즐기면서 만들기 위해 개발된 **이야기 만들기 도구**입니다. 자신의 손에 쥔 카드로 다양한 이야기를 만들어 이야기꾼이 되어보세요.

💬 **만든 사람들**

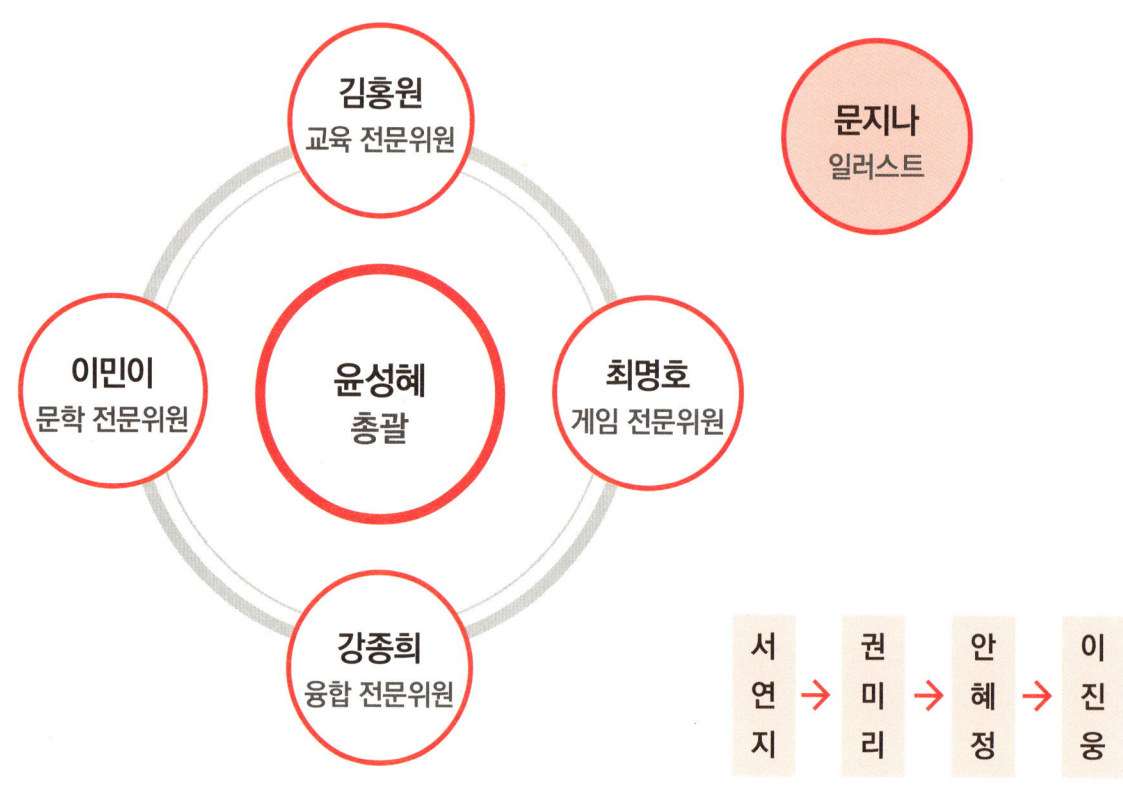

⟨ 교육, 문학, 융합, 게임 전문가 그룹 ⟩   ⟨ 자료조사 · 시뮬레이션 ⟩

1. 스토리텔링　　2. 이야기로 소통하기　　3. 이야기 창작 놀이　　4. 진로, 이야기를 만나다
5. 이야기톡이란　　6. 이미지카드, 이렇게 사용해보세요

💬 개발기간
   2012. 06 ~ 2014. 06

💬 시뮬레이션
- **대상** | 2500명
- **연령** | 5 ~ 68세
- **성별** | 남 : 여 = 45:55
- **국적** | 한국인 : 외국인 = 87 : 13
- 직업, 경제적 환경 등을 반영하여 고르게 분포

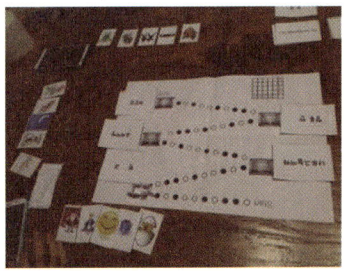

 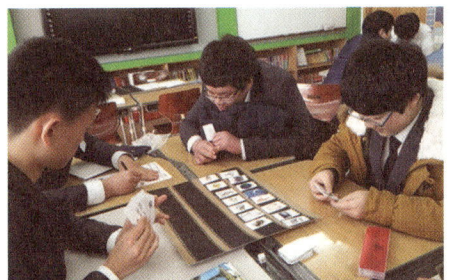 

💬 참고자료
- **미디어** | 세계인이 좋아하는 영화 200선, 드라마 30편
- **교과서** | 2009교육과정의 국내 초, 중, 고 전교과 교과서
- **서　적** | 작법서, 신화이론, 교육방법론, 이야기치료 관련 서적 다수
- **기　타** | 스토리텔링 카드, 보드게임류 다수

(2) 이야기톡의 특징

- 이야기톡은 현실 속 세상 모든 이야기를 만들어 냅니다. 영화, 드라마, 교과서에 나오는 이야기 소재로 구성한 〈이야기톡〉은 인물, 사건, 배경, 감정, 사물, 상황의 요소가 골고루 접목되어 다양한 이야기 요소들로 빠짐없이 구성되어 있습니다.

- 예술학자 '프로프'의 문학 이론과 세계인이 좋아하는 영화 200선의 결말을 반영한 이야기톡은 보다 흥미로운 결말로 이야기를 이끌어 갑니다.

💬 그림카드

1. 이야기가 있을 법한 그림 ➡ 단순 '사물/상황 그림'과 차별화
2. 현대에, 내 가까이에서 있을 법한 이야기 ➡ '동화, 판타지 그림'과 차별화
3. 대표성을 가진 것. 중복됨 없이! 빠짐없이!
   (1) 사건 : 행동, 긍정/부정, 아침부터 저녁까지, 1년 동안 일어날 수 있는 일
   (2) 캐릭터 : 연령대, 직업, 남녀 등을 중복됨 없이 빠짐없이!
   (3) 감정 : 어떤 상황 또는 표정으로 표현되는 감정
   (4) 사물(아이템) : 현실에서 자주 볼 수 있는 아이템
   (5) 배경 : 시간적 배경, 공간적 배경, 날씨, 계절
   (6) 상태 : 상황

💬 찬스카드

1. 글과 그림이 함께 있는 형태로, 그림보다는 글에 시선이 더 갈 것을 예상
2. 글이기 때문에 더욱 상상할 수 있는 단어로 구성
3. 복선 및 이야기의 반전이 가능한 소재로 구성

💬 결말카드

- 이야기의 기본패턴인 "갔다가 돌아온다"를 기본으로 구성
- 이론적 배경 : 프로프의 이야기의 31가지 기능

1. 스토리텔링　　2. 이야기로 소통하기　　3. 이야기 창작 놀이　　4. 진로, 이야기를 만나다
5. 이야기톡이란　　6. 이미지카드, 이렇게 사용해보세요

(3) 이야기의 기본 원리

- **이야기 문법의 가장 기본적인 패턴 두 가지**
  잃었던 것을 찾는다 – 결락/회복
  갔다가 돌아온다 – 떠남/귀환

- **'갔다가 돌아온다' 패턴의 중요성, 보편성**
  – 오늘날 모든 판타지게임/ 소설 / 어드벤처 영화의 기본 패턴
  　(예) 스타워즈, 반지의 제왕, 이웃의 토토로
  – "발달과정에 있는 어린이의 두뇌와 감정이 가장
  　받아들이기 쉬운 형태"_ 세타 데이지

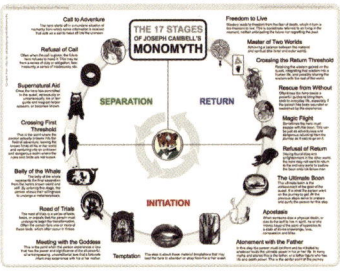

- **'갔다가 돌아온다'는 이야기 구조가 가지는 교육적 의미**
  – 현실을 떠나 경계선을 넘어 미지의 세계에서 새로운 경험을 하고 나서 원래 있던 세계,
  　일상의 의미를 재발견하는 것.
  　(예) 영화 : 센과 치히로의 행방불명 / 게임 : 술래잡기 / 의례 : 성인식

  – 아이가 어른이 되는 과정을 이야기라는 형태로 경험하는 것
  　: 통과의례의 의미는 건너편에 감으로써 상징적인 죽음의 상태에 처했다가 현실로 돌아옴으로써 재생하게 되는
  　것. 이렇듯 거의 모든 이야기는 곧 성장의 욕구와 관련이 있음

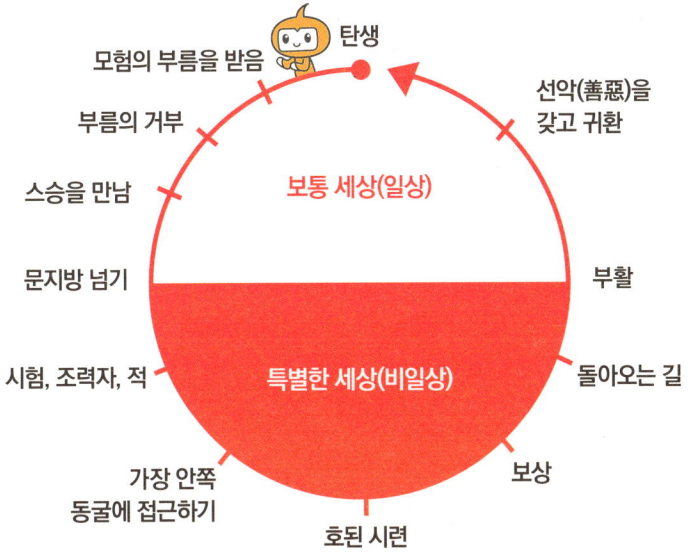

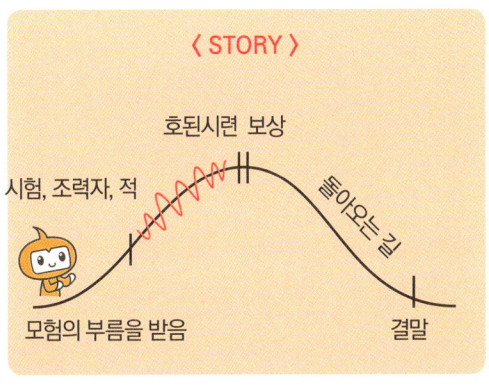

출처 : 천의 얼굴을 가진 영웅(조셉 캠벨), 스토리메이커(오쓰카 에이지)

스토리텔링 활용 커리큘럼 만들기

'**이야기의 기본원리**'와 '**내가 하고 있는 교육 분야**'의 공통목적, 공통 이론적 배경을 생각해 봅시다. 그것을 바탕으로 '스토리텔링 접목 커리큘럼' 만들어 봅시다.

1. 스토리텔링   2. 이야기로 소통하기   3. 이야기 창작 놀이   4. 진로, 이야기를 만나다
5. 이야기톡이란   6. 이미지카드, 이렇게 사용해보세요

스토리텔링 활용 커리큘럼 예시

(1) 서로 알아가기 & 스팟

• **활용분야** | 상담, 코칭, 강의스팟, 자기발견, 문제해결

커리큘럼 제목	스토리텔링 상담			
대상	복지사, 상담사, 강사, 상담 프로그램 운영 교사, 기업체 교육담당자			
시간	2-16H		인원	4-20
단원	모듈 번호	모듈	시간	이야기톡 활용여부
1. 들어가기 전에	①	상담에서 이야기톡 활용 시 유의사항	0.5H	○
	②	스토리텔링 그림카드 활용의 원칙, 이야기톡 활용의 방식	0.5H	○
2. 카드와 친해지기	③	자기소개, 지금의 기분	0.5H	○
	④	내려 게임	0.5H	○
	⑤	기본 게임	1H	○
	⑥	지워진 그림 완성하기	0.5H	○
3. 상담	⑦	와이질문법으로 상황 질문하고 대답하기	1H	○ or x
	⑧	거꾸로 채우기로 원인 찾아보기	1H	○ or x
	⑨	만약~라면	0.5H	○
	⑩	내가 생각하는 ○○이란	0.5H	○
	⑪	여섯 조각 이야기	2H	○ or x
	⑫	미래순간포착	1.5H	x
	⑬	미래 다섯 조각 이야기	1H	○
	⑭	IF스토리게임	2H	○

1. 스토리텔링　　2. 이야기로 소통하기　　3. 이야기 창작 놀이　　4. 진로, 이야기를 만나다
5. 이야기톡이란　　6. 이미지카드, 이렇게 사용해보세요

(2) 이야기 창작

- **활용분야** | 독서지도, 문학치료, 영상 스토리텔링, 도서관 커리큘럼 융합교육, 인문학수업 및 캠프, 창의력 콘텐츠 개발

커리큘럼 제목		이야기 창작			
대상		- 이야기 만들기 수업에 참가하는 초등학생, 중학생, 고등학생, - 인문학 연계 커리큘럼 및 콘텐츠 개발이 필요한 기업체, 공직자, 기관 - 새로운 창의력 분야인 서사창의력 주제의 연수가 필요한 기업체 임직원 　(신입사원 연수, 아이디어 발산법 캠프 및 연수, 기획/행정/마케팅 업무 담당자 중 　스토리텔링 기획이 필요한 경우)			
시간		8~24시간 / 16차시(1학기)	인원	4~30	
단원	모듈 번호	모듈	시간 (일반강좌 경우)	차수 (학교수업 경우)	이야기톡 활용여부
1.서로 알아가기, 나를 표현하기	①	자기소개, 지금의 기분	0.5H	1차시	O
	②	나에 관해 말하기	0.5H		O
	③	내려 게임	0.5H		O
2.서사창의력이란	④	창의력은 어디에서 오는가 -창의성의 사고기능	1H	2차시	x
	⑤	서사창의력이란	1H		x
	⑥	스토리텔링 그림카드 활용의 원칙, 이야기톡 활용의 방식	0.5H		O
3.이야기창작	⑦	쉬운 스토리텔링	1H		O
	⑧	스토리 제목 짓기	1H	3차시	O
	⑨	지워진 그림 완성하기	1H	4차시	O
	⑩	정해진 결말로 끝내기	1H	5차시	O
	⑪	황당한 이야기 만들기	1H	6차시	O
	⑫	영화설정 아이스 브레이킹	1H	7차시	O
	⑬	이야기톡 기본게임	1H	8차시	O
	⑭	다섯 조각 이야기	1H	9차시	O
4. 좋은 이야기의 원칙	⑮	구체성-액션아이디어게임	1H	10차시	O or x
	⑯	갈등-문제해결 스토리텔링	1H	11차시	O or x
	⑰	개연성-와이질문법	1H	12차시	O or x
5.나만의 특별한 이야기 만들기	⑱	내가 생각하는 ㅇㅇ이란	1H	13차시	O
	⑲	직업인의 하루일과	1H	14차시	O
	⑳	미래순간포착	1H	15차시	x
	㉑	미래 다섯 조각 이야기	1H	16차시	O

(3) 커뮤니케이션

- **활용분야** | 스토리리더십, 스토리경영, 커뮤니케이션, 조직관리, 올바른 교우관계 구축, 토론의 기술, 협상기술, 인간관계, 네이밍, 조직활성화, 조직 스트레스 해소, 세일즈 마케팅, 세일즈 매니징

💬 스토리텔링 소통(기업용)

대상		기업체 임직원		
시간		4~24H	인원	4~40
단원	모듈 번호	모듈	시간	이야기톡 활용여부
1.들어가기 전에	①	커뮤니케이션이란무엇인가?	0.5H	○
	②	좋은 소통은?	1H	○ or x
	③	스토리를 잘 활용한 소통가들	0.5H	x
2.서로 알아가기 & 스팟	④	자기소개, 지금의 기분	0.5H	○ or x
	⑤	나에 관해 말하기	1H	○ or x
	⑥	기본 게임	1H	○
	⑦	딕싯 게임	1.5H	x
3.소통 능력 업!	⑧	액션아이디어게임 (추상어 맞추기 게임)	2H	○ or x
	⑨	콘셉트 게임	1H	x
	⑩	'개념(정의)'의 중요성	0.5H	x
	⑪	네이밍 실습	1H	○ or x
	⑫	이야기 거꾸로 채우기	1H	○
	⑬	IF스토리게임 (IF진로장벽변형)	2H	○ or x
	⑭	MBTI 유형분류에 따른 스토리 소통방식의 차이	1H	○ or x
3.스토리텔링 소통	⑮	스토리와 리더십	1H	x
	⑯	협상의 방법, 협상의 기술 (스토리텔링 협상기술, 개념 정의의 중요성)	2H	○ or x
	⑰	마케팅, 홍보, 기획, 세일즈 매니징에서 스토리의 중요성	2H	x

1. 스토리텔링   2. 이야기로 소통하기   3. 이야기 창작 놀이   4. 진로, 이야기를 만나다
5. 이야기톡이란   6. 이미지카드, 이렇게 사용해보세요

💬 스토리텔링 소통(청소년)

대상	청소년			
시간	16차시(1학기)		인원	4~30
단원	모듈 번호	모듈	시간	이야기톡 활용여부
1.들어가기 전에	①	커뮤니케이션이란 무엇인가?	0.5H	○
	②	좋은 커뮤니케이션은?	1H	○ or x
	③	스토리를 잘 활용한 소통가들	0.5H	x
2.서로 알아가기, 나를 표현하기	④	자기소개, 지금의 기분	0.5H	○ or x
	⑤	나에 관해 말하기	1H	○ or x
	⑥	기본게임	1H	○
3.소통 능력 업!	⑦	그림그리기게임	1.5H	x
	⑧	MBTI	2H	○ or x
	⑨	액션아이디어게임	1H	x
	⑩	콘셉트게임	1H	○
	⑪	덕싯 게임	1.5H	x
3.스토리텔링 커뮤니케이션	⑫	'개념(정의)'의 중요성	2H	○ or x
	⑬	스토리텔링 소통의 중요성	1H	x

💬 참고

청소년을 위한 의사소통 게임·놀이 연구 / 정채기 ········ 1
I. 연구의 목적 및 필요성 ········ 1
II. 의사소통을 위한 각 게임·놀이 ········ 4
A. 져 주는 (나중에 내미는) 가위, 바위, 보 게임 ········ 4
B. 잘 들어주기(경청) 게임 ········ 5
C. 가위 바위 보 일치 게임 ········ 8
D. 출생 일(날짜)에 따른 원 만들기 게임 ········ 9
E. 마음으로 느끼는 게임 ········ 11
F. "사랑합니다!"라고 말하기 게임 ········ 13
G. 휴먼 체인(human chain; 인간 사슬) 풀기 게임 ········ 14
H. 일심동체(一心同體) 만들기 게임 ········ 16
I. 거울 비쳐주기 게임 ········ 19
J. 1분 감지(느끼기) 게임 ········ 20
K. 물 반 컵 마시기 게임 ········ 22

L. 상호지지(받쳐 주기)게임 ········ 23
M-1. 믿고 넘어지지 게임('신뢰감' 증진 게임) ········ 24
M-2. 눈 감고 걷기 게임('신뢰감' 증진 게임) ········ 25
M-3. 눈 감고 달리기 게임('신뢰감' 증진 게임) ········ 26
N. 그림 그리기 게임 ········ 26
O. 동지(이웃) 만들기 게임
　"지금 내게 가까이 있는 사람이 누구인가?"
　알아보는 게임
P. 나눠 먹기 게임 ········ 29
Q. 손가락·손바닥 감지(느끼기) 게임 ········ 31
R. 만남의(빙고)게임 ········ 32
III. 훈련과 교육을 통한 의사소통 기술의 배양 ········ 36

(4) 문제해결

- **활용분야** | 스토리텔링 기반의 문제와 문제해결, 조직관리, 자기탐색을 통한 문제해결, 스트레스 관리, 코칭, 내적 자원 관리

대상	문제해결 과정이 필요한 초, 중, 고생, 기업체 직원, 일반인		
시간	8~12H	인원	4~40
단원	모듈번호 / 모듈	시간	이야기톡 활용여부

단원	모듈번호	모듈	시간	이야기톡 활용여부
1. 카드와 친해지기	①	자기소개, 지금의 기분	0.5H	O
	②	내가 생각하는 ㅇㅇ이란	0.5H	O
	③	스토리텔링 그림카드 활용의 원칙, 이야기톡 활용의 방식	0.5H	O
2. 문제 주무르기	④	문제는 무엇인가 -문제(스트레스)의 종류	1H	O
	⑤	문제의 본질 찾기	1H	O
	⑥	문제가 해결된 상황을 그려보면?	0.5H	X
3. 문제 해결하기	⑦	육하원칙을 이용한 문제해결	1H	X
	⑧	코칭 질문법을 이용한 문제해결	1H	X
	⑨	여섯조각 이야기	1H	O
	⑩	문제를 해결하는 방법의 종류 -문제해결(대응)의 종류	0.5H	O
	⑪	트리즈를 이용한 문제해결 -다이아몬드 기법	1H	O
	⑫	미래순간포착	1H	O
	⑬	심리게임과 시간의 구조화(교류분석)	2H	O
	⑭	미래 다섯조각 이야기	1H	O
	⑮	IF 스토리게임	1H	O

1. 스토리텔링　　2. 이야기로 소통하기　　3. 이야기 창작 놀이　　4. 진로, 이야기를 만나다
5. 이야기톡이란　　6. 이미지카드, 이렇게 사용해보세요

(5) 진로지도

- **활용분야** | 스토리텔링 기반의 문제와 문제해결, 조직관리, 자기탐색을 통한 문제해결, 스트레스 관리, 코칭, 내적 자원 관리

커리큘럼 제목	스토리텔링 진로				
대상	진로 수업에 참가하는 초등학생, 중학생, 고등학생 진로캠프 및 특강에 참가하는 대학생				
시간	8~24시간 / 21차시(1학기)		인원	4~30	
단원	모듈 번호	모듈	시간 (일반강좌 경우)	차수 (학교수업 경우)	이야기톡 활용여부
1.들어가기 전에	①	가치관경매게임	1H	1차시	O
	②	카드와 친해지기 -자기소개, 지금의 기분 -기본게임	1H	1차시	O
2.이야기 발굴하기 (story minining)	③	내 뿌리 이야기	1H	2차시	O
	④	인생 돋보기	1H	2차시	O
	⑤	직업 떠올리기	1H	2차시	O
	⑥	직업 정의하기	1H	2차시	O
	⑦	이야기 모니터링	1H	1차시	O
3.이야기 보여주기 (story showing)	⑧	창직하기	1H	1차시	O
	⑨	강점 맞히기 게임	1H	1차시	O
	⑩	스토리텔링 자기소개서	3H	2차시	O
	⑪	미래 순간포착	1H	1차시	O
4. 이야기로 행동하기 (story acting)	⑫	직업인의 하루일과	1H	1차시	O
	⑬	미래 다섯조각 이야기	1H	1차시	O
	⑭	IF진로게임	1H	1차시	O
	⑮	오르락내리락 진로 이야기	1H	1차시	O
	⑯	영웅의 여정	1H	1차시	O

(6) 창의력 개발

- **활용분야** | 서사창의력 개발, 놀이 및 게임을 통한 직무 스트레스 해소, 조직활성화, 조직 스트레스 해소, 마케팅, 기획

커리큘럼 제목	서사창의력 키우기!			
대상	이야기만들기 수업에 참가하는 초등학생, 중학생, 고등학생, 새로운 창의력 분야인 서사창의력 주제의 연수가 필요한 기업체 임직원 (신입사원 연수, 아이디어 발산법 캠프 및 연수, 기획/행정/마케팅 업무 담당자 중 스토리텔링 기획이 필요한 경우)			
시간	8~24시간 / 16차시(1학기)		인원	4~30

단원	모듈 번호	모듈	시간 (일반강좌 경우)	차수 (학교수업 경우)	이야기톡 활용여부
1.서로 알아가기, 나를 표현하기	①	자기소개, 지금의 기분	0.5H	1차시	O
	②	나에 관해 말하기	0.5H		O
	③	내려게임	0.5H		O
2.서사창의력	④	창의력은 어디에서 오는가 -창의성의 사고기능	1H	2차시	O
	⑤	서사창의력이란	1H	3차시	O
	⑥	스토리텔링 그림카드 활용의 원칙,이야기톡 활용의 방식	0.5H		O
3.서사창의력키우기	⑦	쉬운 스토리텔링	0.5H	4차시	O
	⑧	지워진 그림 완성하기	1H	5차시	O
	⑨	정해진 결말로 끝내기	1H	6차시	O
	⑩	황당한 이야기 만들기	1H	7차시	O
	⑪	영화설정 아이스브레이킹	1H	8차시	O
	⑫	이야기톡 기본게임	1H	9차시	O
4. 좋은이야기란	⑬	액션아이디어게임	1H	10차시	O
	⑭	다섯조각이야기	1H	11차시	O
	⑮	와이질문법	1H	12차시	O
5.나만의특별한이야기만들기	⑯	문제해결스토리텔링	1H	13차시	O
	⑰	직업인의하루일과	1H	14차시	O
	⑱	미래순간포착	1H	15차시	O
	⑲	미래 다섯조각 이야기	1H	16차시	O

1. 스토리텔링　　2. 이야기로 소통하기　　3. 이야기 창작 놀이　　4. 진로, 이야기를 만나다
5. 이야기톡이란　　6. 이미지카드, 이렇게 사용해보세요

(7) 기타 주제별 활용법

💬 자기탐색, 개인브랜딩

- **활용분야** | 자기탐색, 진로, 자서전쓰기, 셀프스토리 영상 만들기, 자기소개서작성, 3분스피치, 퍼스널스토리텔링

커리큘럼 제목	자기발견 / 자기탐색 / 개인브랜드를 위한 스토리발굴		
대상	• 자기탐색 캠프에 참가하는 중학생, 고등학생, 대학생, 성인 • 개인브랜드를 만들고자 하는 성인의 스토리발굴 워크숍 • 개인브랜딩 기법을 익히고자 하는 특강		
시간	8~24H	인원	4~40

단원	모듈	시간	이야기톡 활용여부
1.들어가기 전에	자기발견(자기탐색)의중요성	0.5H	x
	카드와 친해지기 -자기소개, 지금의 기분 / 기본게임	1H	○
2.나는 누구인가	조하리의 창	0.5H	○ or x
	만약~라면	0.5H	○
	내가 생각하는 ㅇㅇ이란	1H	○
	여섯조각 이야기	1H	○ or X
	와이질문법을 통한 '나질문법'	1.5H	○ or X
	MBTI	2H	○ or x
	나의뿌리	1H	○
	SWOT를 통한 자기분석	1.5H	○ or X
	내가 가진 모든 자산 시간자산/공간자산/인적자산/브랜드자산/건강자산/재무자산	1.5H	○ or x
3.나는 무엇을 할 수 있는가	미래순간포착	1H	x
	미래 다섯 조각이야기	1H	○
	IF진로장벽	2H	○
4. 나는 무엇을 보여줄 수 있는가	보여주는방식 :액션아이디어게임 실습 - 좋은 이야기의 원칙(구체성)	2H	○ or x
	나의핵심욕망찾기	2H	X
	스토리의결과물제작 - 3분 자기소개/스피치 - or 자기소개서작성 완성 - or 자서전 작성 - or 셀프스토리 영상 제작	3H	X

스토리텔링 교육 놀이

6. 이미지카드, 이렇게 사용해보세요

06 | 이미지카드, 이렇게 사용해보세요

(1) 내가 생각하는 OO이란?

💬 내가 생각하는 _____ 란?   앞면 펼쳐놓기

💬 내가 생각하는 _____ 란?   나눠주기

1. 스토리텔링   2. 이야기로 소통하기   3. 이야기 창작 놀이   4. 진로, 이야기를 만나다
5. 이야기톡이란   **6. 이미지카드, 이렇게 사용해보세요**

> 예 시

- **내가 생각하는 결혼이란?** (40대, 남자)

부모님 마음에
근심을 줄 수 있지만

시간이 흘러
그 마음도 이해가 되고

온도가 제대로 맞아야
음식이 맛있듯, 부부와의
완급도 맞아야 행복하다

- **내가 생각하는 몸이란?** (30대, 남자)

남자들이 나에게 상담할 때
가장 많이 하는 말은
'군에 있을 때 가장 몸이
좋았다'는 말이다.

운동을 해야 하는 이유
가장 큰 이유는 남에게 피해를
주지 않고 죽기 위해서다.
자기 몸이 건강해야 남에게
피해를 주지 않느다

운동을 하는 방법
운동하기는 피아노치기와 같다.
한번 정확히 배우면 다음부터는
창의적인 능력이 생기고
쉽게 습관이 된다.

(2) OO 떠올리기

💬 **떠올리기** (하나의 그림으로 모둠이 함께 많은 것을 떠올려보기)

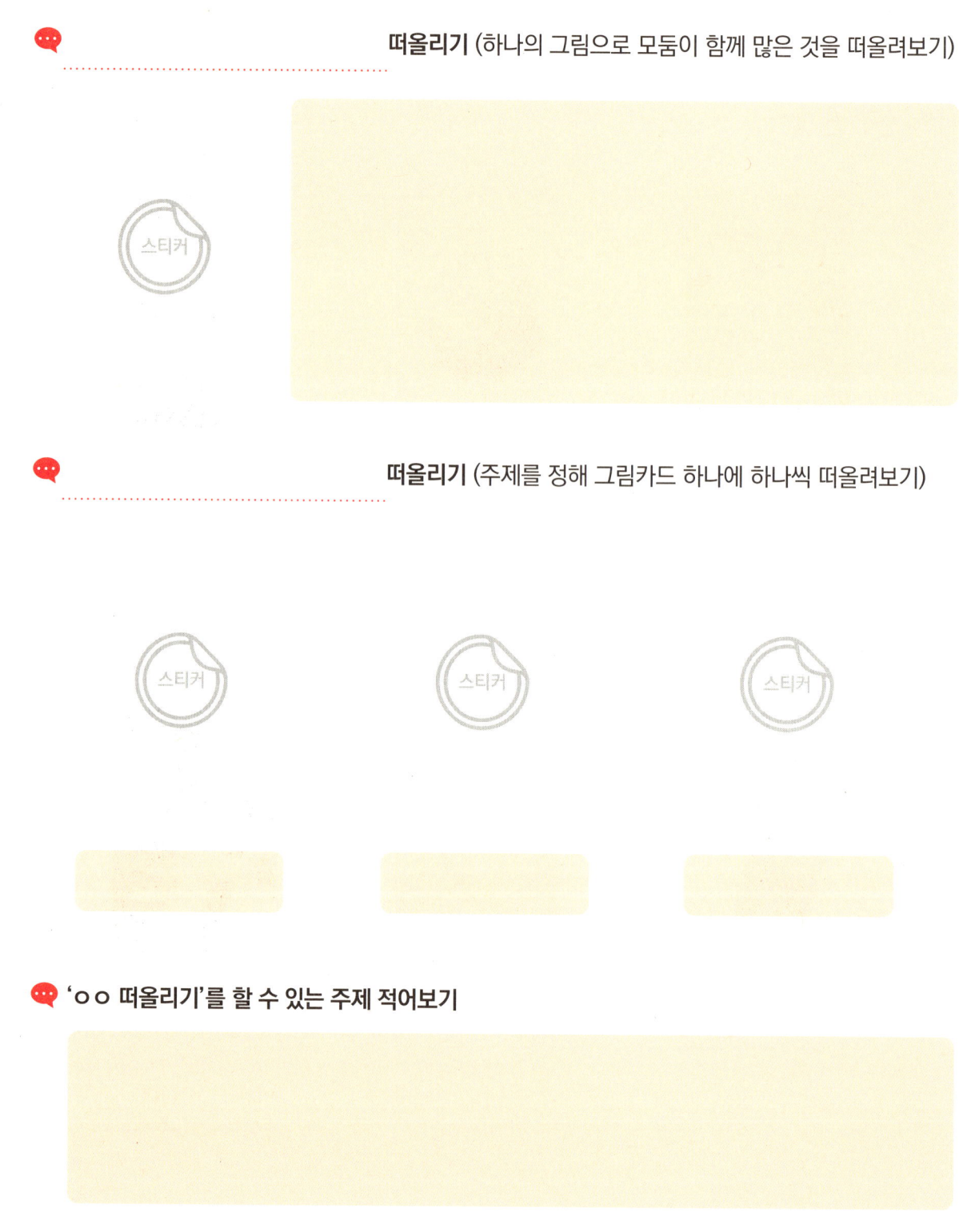

💬 **떠올리기** (주제를 정해 그림카드 하나에 하나씩 떠올려보기)

💬 '○○ 떠올리기'를 할 수 있는 주제 적어보기

1. 스토리텔링   2. 이야기로 소통하기   3. 이야기 창작 놀이   4. 진로, 이야기를 만나다
5. 이야기톡이란   **6. 이미지카드, 이렇게 사용해보세요**

예시

● 직업 떠올리기   ● 과학의 원리 떠올리기

어부	탐험가
광부	정원사
기자	마트 배달원
사냥꾼	부동산업자
여행가	정원사
식물가	농부
건축가	여행가
발명가	나무꾼
⋮	⋮

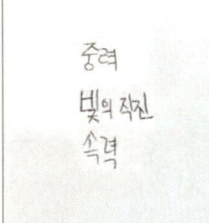 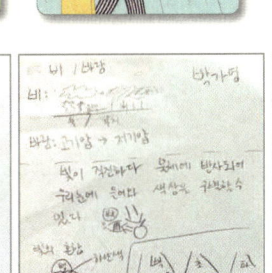 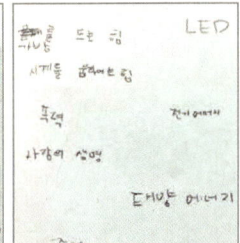

● 속담 떠올리기

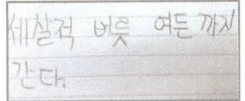 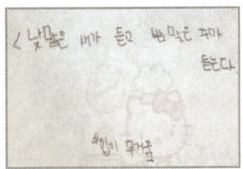 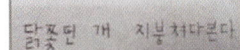 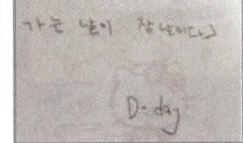

(3) 3장으로 이야기 만들기

💬 '_____' 으로 이야기 만들기 [나눠주기]

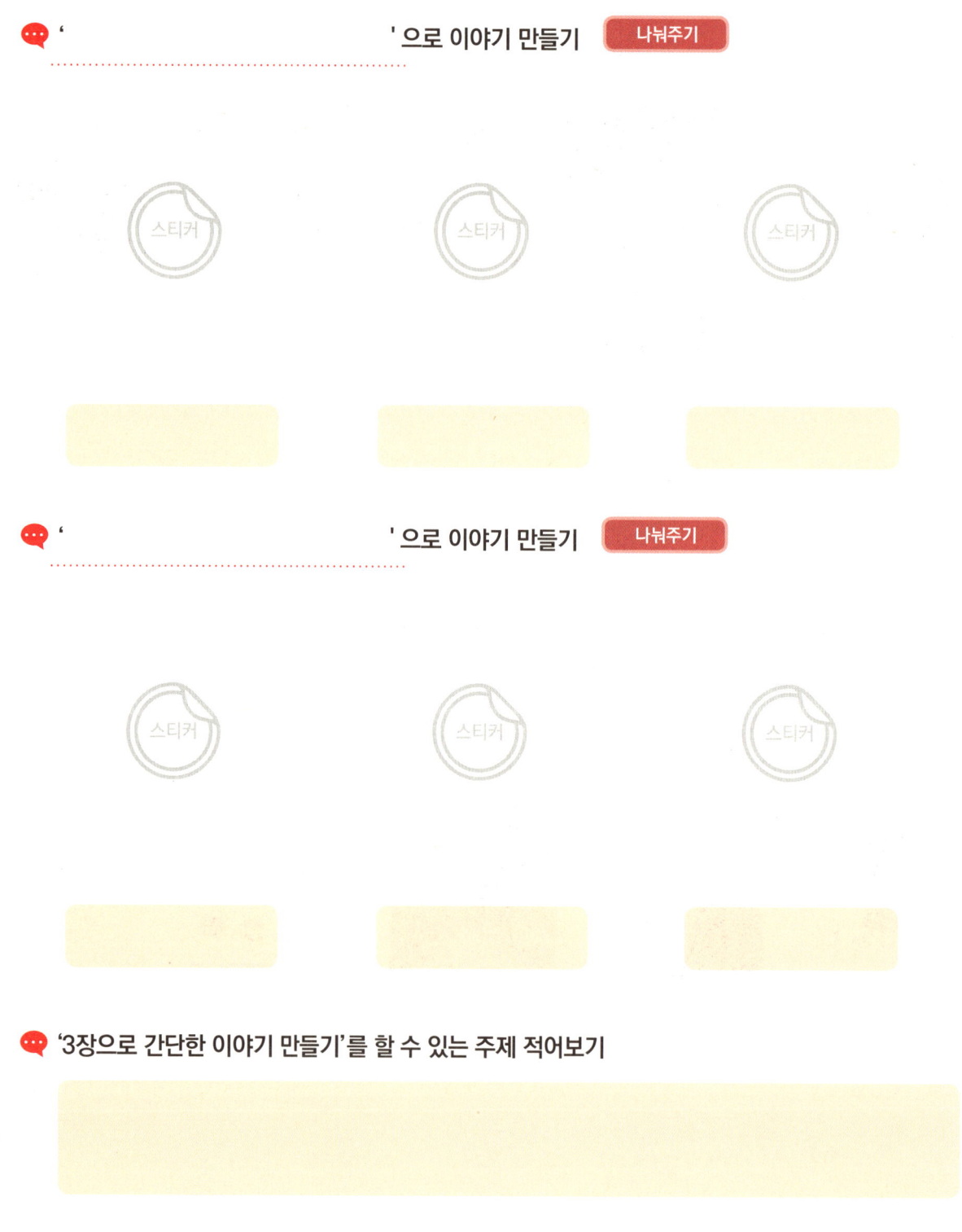

💬 '_____' 으로 이야기 만들기 [나눠주기]

💬 '3장으로 간단한 이야기 만들기'를 할 수 있는 주제 적어보기

1. 스토리텔링   2. 이야기로 소통하기   3. 이야기 창작 놀이   4. 진로, 이야기를 만나다
5. 이야기톡이란   **6. 이미지카드, 이렇게 사용해보세요**

예시

• '더하기'로 이야기 만들기

점심시간에 친구와 바람을 검색하고 연날리기를 하였다.
그리곤 수업종이 울려 수학 수업을 들었다.
하루 중 높은 기온에서 낮은 기온을 빼면 일교차고,
두 기온을 더해서 2로 나누면 평균기온이 된다는 배웠다.

• '준법정신'으로 이야기 만들기

공공장소에서 크게 웃거나 우는 것은
남에게 피해를 줍니다. 다른 사람에게 천둥번개 소리처럼
큰 소리를 내어 피해를 주지 맙시다.

• '속담-까마귀 날자 배 떨어진다'로 이야기 만들기

인사고과 기간이 되어
회사 차장님께 선물을 드렸는데
그 다음날 바로 그 사실이
뉴스에 보도 되었다.

• '작심삼일'로 이야기 만들기

한 남자가 거울을 보고 살이 쪘다는 걸 느꼈다.
그날부터 다이어트를 했는데, 3일 째 되던 날,
도너츠를 먹어서 살쪘다. 한 번 마음먹은 일은 끝까지 하자!

Tip. '내가 알고 있는 속담으로 이야기를 만들면 다른 친구들이 그 속담이 무엇인지 맞혀보기'로 변형해서 활동할 수도 있어요.

스토리텔링 교육 놀이

스토리텔링 교육 놀이 전문가 양성과정

스토리텔링 교육 놀이 전문가 양성과정

중급과정

1. 대상
- 스토리텔링 및 이야기 창작 교육에 대한 학습을 필요로 하는 자
- 이야기톡의 효과적인 활용 및 교수법을 필요로 하는 자

2. 수강 자격 조건
- 없음 (입문과정을 이수하지 않아도 중급과정을 수강할 수 있음)

3. 이수 시간
- 15시간
  ※ 15시간이면 수료증을 받을 수 있음. 단, 중급 '자격증'을 발급받기 위한 이수시간은 20시간이 되어야 함 (15시간+입문과정 5시간). 입문과정 안내는 홈페이지 참고

4. 학습 목표
- 스토리텔링의 개념의 정의와 활용범위에 대해 충분히 이해한다.
- 이야기톡을 활용한 자신만의 활용법을 1가지 이상 만들어내며, 4시간 이상의 효과적인 교육을 진행할 수 있다.
- 스토리텔링 접목 교육방법 중 소통, 창작, 진로, 인성 파트의 커리큘럼을 일부 진행할 수 있으며 및 그 이론적 배경을 설명할 수 있다.

5. 진행방식과 내용
- 스토리텔링을 접목한 교육 놀이 활용법 중 소통, 창작, 진로 분야를 실습 위주로 진행
- 스토리텔링의 활용범위와 원리 등을 이론으로 강의

6. 제공
- 이야기톡 클래식 1set
- 이야기톡 라이트 A,B 각 1set
- 에듀북 시리즈 4권

7. 수강료
390,000원

8. 혜택
향후 3년 간 와이스토리 교구재 구입 시 16% 할인
이야기톡 중급지도사 밴드 초대 –>기존 지도사 분들과 소통
- 강의자료, 정보 제공, 강의 의뢰 시 우선 파견 / 고급과정 수강 자격

9. 자격증 발급 조건
- 이야기톡 입문과정, 중급과정 모두 수료 (80% 이상 수강)
- 과제 제출 후 통과
- 자격증 발급 비용 (5만원)

10. 개설일 및 강의장소
- 1년 정기 강의일정은 홈페이지 참조
- 정기 강의일정이 아니더라도 8명 이상 수강인원이 모이면 해당 지역에서 강의를 해 드립니다.

11. 재수강
정기 강의일정에 언제든지 재수강 가능합니다. (재수강 수강료 : 3만원)

고급과정

1. 대상
- 스토리텔링 및 이야기 창작 교육에 대한 학습을 필요로 하는 자(중급 내용의 심화)
- 이야기톡의 효과적인 활용 및 교수법을 필요로 하는 자(직접 시강, 상담 등을 해 본 후 피드백의 시간을 포함)

2. 수강 자격 조건
- 중급과정 수료자(중급 수료 후 과제를 제출하지 않으신 분들은 과제 제출 필수.
  단, 최근 기수이신 분들은 고급과정 우선 수강 후 중급과제 제출 가능. 수료증은 과제 제출 이후 발급)
- 활동계획서 제출
- 이력서(프로필) 제출

3. 이수 시간
- 32시간 (4주)

4. 강사
- 와이스토리 윤성혜 대표

5. 학습 목표
- 스토리텔링 분야로 강의할 수 있는 능력을 함양한다.
- '좋은 이야기의 원칙' 6가지를 모두 이해하며 설명할 수 있고, 이에 따라 상대가 만들어 낸 이야기에 대해 피드백이 가능하다.
- '이야기톡'의 개발과정과 특징을 설명할 수 있다.
- 스토리코칭의 기본 프로세스를 설명할 수 있다.
- 스토리텔링을 접목한 자신의 전문분야를 가진다.

6. 진행 방식과 내용

강의 방식	
1~2주차	3~4주차
강의+실습 · 스토리텔링의 심화 이론 · 좋은 이야기의 원칙 · 스토리텔링 상담, 창의, 인성 등 중급과정에서 다루지 않은 교육활용법 실습 · 이야기톡 개발 배경 심화 · 교육자로서 강의력 향상 실습 · 자신만의 콘텐츠 발굴	**플립러닝(거꾸로 교실)** · 중급과정의 내용을 미리 숙지하여 참가자가 나누어서 강의 진행 · 나머지 참가자들과 강사가 피드백 · 자신만의 주된 콘텐츠 분야를 스토리텔링과 접목할 방향 발표

7. 제공

- 중급 강의 영상 전체 (온라인 교육영상)
- 강의 시 활용 자료 (영상 등)
- 스토리텔링 교육놀이 (중급 교재 및 고급교재)
- 스토리텔링 교육놀이 워크북 (강의교안 수록)
- 이야기톡 빅 A, B 각 1세트 씩
- 와이에듀북 4권
- 만약카드 황당무계, 이심전심 각 1세트
- 이야기톡 그림 스티커 4세트
- 오르락 내리락 이야기 게임판 (산, 필름 ver) 2세트
- 스토리도데카(정12면체) 5개
- 메시지 카드 3세트

9. 개설일
※ 고급과정은 수강하시는 분들과 일정을 조율하여 개설합니다.

10. 강의 장소
※ 고급과정은 수강하시는 분들이 많이 계시는 지역에서 강의합니다.

11. 수강료
- 880,000원
    ※제공물품 제외 시 130,000원 할인
    ※거주지역이 아닌 곳 강의 개설 시 120,000원 할인
    (예를 들어, 서울/경기도 지역에 거주하시는 분이 부산 개설 강좌 신청 시, 차비 명목으로 120,000원 할인.
    그 반대 경우도 해당. 단, 서울-경기, 경기-충청권 등 비교적 가까운 거리는 해당 없음.)

12. 자격증 발급 조건
- 중급 자격증 획득
- 고급과정의 85% 이상 수강
- 시강 후 참여 인원의 피드백 및 점수 계산
- 중급과정 (하루 7시간), 입문과정 (전체 5시간), 박람회 (하루 7시간) 중 4회 이상을 스텝 혹은 재수강으로 참가

13. 수료 후 권한
- 이야기톡을 활용한 특정주제 과정 개설 가능
    (예 : 이야기톡을활용한 독서지도/이야기톡 진로지도)
- 고급자격증 소지자가 특정 주제의 과정 개설시 본사도 함께 홍보
- 1년에 한번 개최되는 '고급&연구원 워크숍'에 참가 권한 (매년 4월 둘째 주)
- 와이스토리의 신규 과정 개설 시, 1만원에 수강 가능 (일부 과정 제외)

연구원 과정

1. 대상
- 스토리텔링 교수법을 본격적으로 연구해보고자 하는 분

2. 수강 자격 조건
- 고급과정 자격증 소지자
- 이력서 및 활동계획서 제출 후 심사과정
- 칼럼 혹은 보고서 1편 제출
- 이야기톡 전문분야 강좌(4시간) 제안서 제출

3. 이수 시간
- 24시간

4. 강사
- 와이스토리 윤성혜 대표

5. 학습 목표
- 자신만의 스토리텔링 활용 교육 분야를 깊게 연구할 준비를 한다.
- 내 인생의 스토리를 정리하고 2분스피치 내용을 만든다

6. 수강료
- 66만원

7. 향후 활동
연구원 과정을 수료한 이후 지속적 활동 여부에 따라 활동기 연구원과 휴면기 연구원으로 나뉘며, 활동기 연구원은 다음의 활동을 한다.

① 한달에 한번 '연구원 모임'을 가지며 각자, 혹은 공동의 연구 내용 공유 (와이스토리 지원)
② 강사과정 강의 진행

※ 연구원과정의 자세한 내용은 별도 공지

중급과정 과제 안내

과제내용

① 강의계획서에 따른 활용 보고서 1편 : 본사 양식
② 두 종류 이상의 활용법 결과물 : 3개 이상/5명 이상의 사례 수록
③ 네이버카페 '활용사례'에 3개 이상 업로드 : ②결과물과 동일해도 무관. 사진과 함께 업로드.
④ 나만의 새로운 활용법 1편 : 새로 고안한 활용법에 대한 상세 설명 / 자유양식
⑤ 이력서 : 강사 파견을 원하시는 분 / 자유 양식

※ 보내주신 결과물은 홈페이지 또는 블로그 등 와이스토리 매체에 노출될 수 있습니다. 공개를 원치 않는 결과물은 꼭 체크하여 보내주세요. 체크가 되어 있지 않은 결과물은 공개 가능한 것으로 간주합니다.

※ 본사 양식 파일 다운로드 방법

네이버 카페 '이야기톡' (storyacting.co.kr) → 지도사 필독 게시판 → '양성과정 수료 후 과제에 대한 안내' 게시글 → 첨부파일 다운로드

제출기한
- 수료일로부터 6개월 이내

제출방법

① 과제번호별로 폴더링
② 활용법 별 결과물은 활용법 이름 필수기재 (예: 다섯조각 이야기)
③ 알집 등 압축 프로그램으로 압축 후 네이버 카페 게시판에 업로드
④ 파일과 게시물 제목 지정방법 : 이름과 기수, 제출날짜 기입 (기수를 모를시 생년월일로 대체)
예 : [과제제출]홍길동_1기_20150101/[과제제출]홍길동_750301_20150101

※ 네이버카페 접속 방법

① 네이버 카페 '이야기톡' 가입 후 등급 업 요청 (카페 주소 : storyacting.co.kr)
② 카페 '이야기톡 지도사' 카테고리의 '과제 제출' 게시판 클릭
  * 등업에 시간이 소요될 수 있으므로 과제 제출 전 미리 등업을 해놓는 것이 좋습니다. 제출 방법을 꼭 지켜주세요!

💬 과제 제출 관련 문의
- Tel. 070-7437-4270. 와이스토리

💬 과제평가 기준
- 과제의 성실성
- 과제 주제에 대한 적정성
- 이해도
- 응용력
- 통과 기준과 맞지 않다고 판단되면 보충과제 요청

자격증 안내

💬 **자격증의 유효 기간**
- 취득일로부터 3년

💬 **자격갱신 방법**

중급	① 추가 과제 제출 후 통과 (3년 동안 활동하고 있음을 증명) ② 입문과정 혹은 중급과정 재수강 (재수강 비용 3만원은 동일)
고급	① 활동현황 제출 (3년 동안 활동하고 있음을 증명) ② 고급과정 재수강 (재수강 비용 5만원)
연구원	① 활동현황 제출 (3년 동안 활동하고 있음을 증명) ② 고급 또는 연구원 과정 재수강 (재수강 비용 5만원) *활동기 연구원을 유지하고 있으면 자격 갱신이 따로 필요 없습니다.

유의사항

· **권리의 보호** ·

- 본 교재는 한국저작권등록위원회에 저작물등록이 완료된 것으로, 그 권리를 보호받고 있으므로 저작권자(와이스토리)의 허락 없이 복사하거나 내용을 수정하여 사용할 수 없습니다.

- 이야기톡 카드의 그림과 내용(결말카드, 찬스카드, 사용설명서 등)은 저작권, 디자인권, 상표권 등으로 그 권리를 보호받고 있으니 복사, 스캔, 캡처 등을 하여 출력하거나 웹 상에 올릴 수 없습니다.

- 스토리텔링 교육놀이 지도사 자격과정 중급과정을 이수하신 이후 제공해드리는 파일은 변형하여 사용하실 수 있으며 사용범위 등은 메일로 안내가 될 것입니다.

- 본 교재에 사용된 '용어, 교육방법, 내용'을 '본인의 교육커리큘럼 및 제안서, 블로그' 등에 활용할 시 출처를 밝혀 사용해주시기 바랍니다. [스토리텔링 교육놀이 (윤성혜 저)]

· **활용의 범위** ·

- 스토리텔링 교육놀이 지도사 자격과정 중급과정을 이수하신 분은 강의에서 배운 내용을 본인의 기존 강의에 활용하거나 새로운 커리큘럼을 만들어서 강좌를 진행할 수 있습니다. 단, 다음과 같은 내용으로 강좌를 개설할 수는 없습니다.

> 1. 본 교재의 활용법을 알려주는 강사양성 과정
> 2. '스토리코치' 명칭이 들어간 양성과정(=) 고급과정 이상 이수자에게 그 권리를 제공하고 있습니다.

그 외 해석에 의문점이 있거나 추가로 제안을 하실 사항이 있으면
와이스토리로 문의 바랍니다.

당신은 "스토리텔링 OO전문가"입니다.
함께 이야기를 만들며
웃고 떠들고 소통하는 세상을 꿈꿉니다.

 네이버카페 '이야기톡'에서 활용후기를 나눠보세요^^
더욱 많은 아이디어들이 '톡톡' 튀어 나올 거에요~
http://cafe.naver.com/storyhealing

copyright ⓒ 와이스토리 all rights reserved

스토리텔링 교육 놀이

발행일 2018.06.20
본권
글 윤성혜
발행인 윤성혜
편집디자인 보통의연구소
발행처 와이스토리
출판등록 제333-2014-14호
주소 부산시 해운대구 수영강변대로 140 5층 (부산콘텐츠코리아랩)
전화 070-7437-4270
홈페이지 www.eeyagitalk.com
와이캐릭터
저작권자 : 와이스토리
본 교재에는 포천 오성과 한음체(R, B)가 사용되었습니다.

저자 및 출판사의 허락 없이 이 책의 일부 또는 전부를 무단 복제·전재·발췌할 수 없습니다.
잘못된 책은 바꿔드립니다.

이 도서의 국립중앙도서관 출판예정도서목록(CIP)은 서지정보유통지원시스템 홈페이지(http://seoji.nl.go.kr)와 국가자료공동목록시스템(http://www.nl.go.kr/kolisnet)에서 이용하실 수 있습니다.
(CIP제어번호: CIP2018017724)